说话之道

著 | 朱建国

上海交通大学出版社
SHANGHAI JIAO TONG UNIVERSITY PRESS

图书在版编目（CIP）数据

说话之道 / 朱建国著. -- 上海：上海交通大学
出版社, 2023.5（2024.2重印）
　ISBN 978-7-313-28189-0

　Ⅰ.①说… Ⅱ.①朱… Ⅲ.①语言艺术 – 通俗读物
Ⅳ.①H019-49

　中国版本图书馆CIP数据核字(2023)第038662号

说话之道
SHUOHUA ZHI DAO

作　　者：朱建国			
出版发行：上海交通大学出版社	地　　址：上海市番禺路 951 号		
邮政编码：200030	电　　话：021-64071208		
印　　刷：唐山富达印务有限公司	经　　销：全国新华书店		
开　　本：690 mm ×980 mm　1 / 16	印　　张：13.5		
字　　数：154 千字			
版　　次：2023 年 5 月第 1 版	印　　次：2024 年 2 月第 2 次印刷		
书　　号：ISBN 978-7-313-28189-0			
定　　价：48.00 元			

工作和生活中，我们判断一个人性格如何、素养怎样、对他人是否友好、能不能合作、值不值得深交等，主要通过"听其言而观其行"，其中"言"处于首要地位，是人与人之间建立联系的第一个门户。所有的人际往来、事务运行，都得先过这一关。

在人际交往中，无论是我们判断别人，还是别人判断我们，"言"都至关重要。言而得法，你就会受到别人的欢迎，你的意见就更容易被接受，你要办的事就更容易办成，事情的发展将进入良性循环。尤其是工作中的人，必须过了"言"这道关，才能理顺与他人的关系，工作有序进展才成为可能。从这个角度讲，所谓能力强，首先就要学会说话。

《说话之道》，是一本讲求实用的书，随取随用，操作性强，立竿见影。为了便于读者查询，有些章节是根据常用领域做的分类，比如：怎么跟同事说话，怎么跟上司说话，怎么跟下属说话，怎么跟朋友说话，怎么跟陌生人轻松搭话，等等。

针对这些按照不同的主题做的分类，有些处理方法是相通的，很多技巧可以跨越类别而通用。比如，在"关照对方的利益——怎样跟客户说话"一节中，"凸显双方的共同点"等谈话技巧，并不局限于此谈判场合，在其他很多场合也同样适用。如果读者阅读时能够举一反三，效果会更好。

除了按主题分类的章节之外，其他部分分别围绕几个实用且重要的说话原则加以阐述。这些原则具有普遍适用性，可用于任何场合和对象。

以上两种分类方式，相当于横线和竖线，将实际生活和工作中所需的说话技巧网罗在一起。丰富、全面且要点突出的说话技巧就是本书想介绍给读者的说话之道。

目录
contents

第一章
沟通对象

第一节 **他为什么排挤我**
跟同事如何沟通 ———————— 002

第二节 **头儿，我哪里做错了吗**
跟领导说话要注意 ————— 020

第三节 **怎样说，下属才听话**
如何跟下属沟通 ————— 037

第四节 **关照对方的利益**
怎样跟客户说话 ————— 069

第五节 **关系好也不能随便**
怎样跟朋友说话 ————— 096

第六节 **兄弟，借个火**
跟陌生人也谈得来 ————— 106

第二章　**第一节**　**在和谐中争斗**
对话场景　　　　谈判时的说话技巧 --------- 116

　　　　　　第二节　**五分钟展示自己**
　　　　　　　　　面试问答注意事项 --------- 135

　　　　　　第三节　**你一直有听众**
　　　　　　　　　演讲没有想象中那么难 ------- 160

第三章　**第一节**　**话题选择**
交流技巧　　　　打破"无话可说"的尴尬 ----- 170

　　　　　　第二节　**迂回说服**
　　　　　　　　　告别简单生硬的沟通方式 ----- 178

第三节　学会说"不"
　　你不可能也没必要满足所有人 -- 187

第四节　优雅言谈
　　远离"低素质"标签 -------- 196

第一章

沟通对象

第一节

他为什么排挤我

跟同事如何沟通

同事之间沟通不当，容易产生矛盾。讨论问题一定要就事论事，观点明确，并提供有力的论据，让大家明白你在说什么。只有这样，讨论才会卓有成效，不至于陷入空泛。需要注意的是，空泛的口水战，容易使讨论从"对事"变成"对人"，这将带来一个坏结果：问题之争缺失，人际之争浮现。

一、几个好习惯

在工作中，与同事相处的时间是最长的，交流最多，涉及面也最广，如果说话不注意，会给自己招来不必要的麻烦。因此，把握好与同事说话时的分寸是非常重要的。有几个好习惯可以帮助你拉近与同事之间的距离。

（一）报喜不报忧

比如说，单位过节要发放福利，你先知道了，应该马上转告给同事，让同事尽早知道这个好消息。如果能代领，也可以先替同事领了。这样做能让同事觉得你很好相处，也愿意帮助别人。以后别的同事先知道了什么消息也会告诉你。

与此相反，如果有什么坏消息，一定不要抢先告诉大家，除非这是你的责任。这是因为，几乎所有人都会下意识地把感情色彩加在交往对象身上，比如，一见到某人，就觉得开心，而见到另外一个人，则感到压抑。如果你经常通报坏消息，那么大家就会不自觉地把你与坏消息挂钩，于是你的形象就带上了消极色彩；如果你经常通报好消息，那么你在大家心目中，无疑就是"好消息的代言人"。

同理，你要避免与消极的同事为伍。如果你觉得工作单调乏味，千万不要和同事一起唉声叹气，而是应该多与乐观者交流，保持乐观的心态，让自己变得幽默，然后用你的乐观和幽默带动消极的同事，让他们也一起摆脱单调乏味的感觉。这会营造一种和谐愉快的工作气氛，有助于消除工作中的劳累，而你在同事眼里也会变得更重要。

（二）把你的去向告诉同事

日常工作中，如果请假外出，除了要向领导说明以外，最好也跟身边的同事说明一下，哪怕你只出去几分钟。这样的话，即使突然有人来找你，同事也能告知对方你的去向。告知同事自己的去向，既是工作的需要，也是促进感情的一个方法，这代表了你对同事的尊重和信任，而同事在帮助你的同时，也会感受到自己与你很贴心，觉得你是"自己人"。

进一步说，如果你在工作和生活中遇到困难，可以试着去找同事帮忙，要敢于开口。如果他能帮到你自然最好，如果帮不上忙也没有关系，至少同事会觉得你很信任他。这样，你和同事的关系会因为信任而更加融洽。

同理，如果遇到同事的朋友来单位找他，同事碰巧又不在，你不妨热情接待一下，把知道的情况告知对方，不要"事不关己，高高挂起"。否则一旦让同事发现，你们的关系会受到很大影响。

（三）要善于找人帮忙

找人帮忙，可以让对方获得满足感，拉近双方的心理距离。这一点很多人没有意识到。大家误以为，求人帮忙，就是己方获得，而对方付出。实际上，开口求人，带来的往往是双赢，无论是心理上还是利益上。

曾参加过美国独立宣言起草工作的本杰明·富兰克林，讲过一个自己如何请人帮忙，而对方又愿意帮大忙的故事。刚开始，富兰克林很不喜欢那个人，因为此人极其傲慢，目中无人。富兰克林有求于他，又不愿卑躬屈膝，于是想出了一个方法。

富兰克林听说对方收藏着一本珍贵而罕见的书，于是写了一封信给对方，表示渴望读到这本书，恳请惠借，几天以后一定归还。很快，富兰克林收到了书。一个星期之后，富兰克林将书完璧归赵，而且在书里夹着一张卡片，表示衷心的感谢。

在以后的日子里，当他们再在众议院会面时，那人一改往日的趾高气扬，总是主动与富兰克林交谈，而且慷慨地表示，如果富兰克林有需要帮忙的地方，尽管开口。逐渐地，两人成了莫逆之交，在未来的日子里精诚合作，成绩显著。

富兰克林这种通过求人而拉近双方心理距离的方式是非常高明的。从心理学角度看，求人帮忙有助于对方的自我肯定，可以帮助他建立一个"有益于人"的自我意象。通过一个小小的要求，促使对方感到自己对他人"有益"，这种感觉令人愉快，促使他在"好人做到底"的心理驱使下，心甘情愿地逐渐扩大帮助你的范围。

仅从己方利益出发，求人也是一种有效的方法。如果我们所提的要求比较高，对方一下子难以接受，那么你可以先想办法让对方同意一个小点的要求。一旦他同意了这个要求，就有可能进一步同意更大的要求。

（四）常和同事拉家常

同事之间的交往很微妙，不能无话不谈，也不能屏蔽一切与工作无关的话题。嘴闭得太紧，什么都不跟同事说，那么同事关系不可能不疏远。没有同事的配合，很多工作都难以展开。

很多私事是不能和同事谈论的，但偶尔拉拉家常也没有什么坏处。比如，谈谈各自爱人的身高、相貌、性格、工作等；如果双方都已经结婚有了孩子，可以聊聊孩子的事情。在工作之余顺便聊家常，既可以增进了解，又可以加深感情。这种方式比谈工作轻松得多，更容易产生亲密感。

有时，同事有了烦心事找你倾诉，未必有什么目的，你应该以中立的态度认真听他倾诉，千万不要草率拒绝或随便应付。他既然找你，就说明他很信任你，你的拒绝会把他对你的信任感全部打消。不妨说些简单而真诚的话，不要不好意思，比如，"你到底怎么了？跟我说说好吗""你干吗总担心这件事呢"之类的话，明确表示你对他的关心。

二、与同事有矛盾怎么办

你也许遇到过这样的烦恼：虽然你尽力想与所有同事打成一片，但总会出现与自己意见不合的同事，甚至会因此而争吵，这不仅影响日常工作，心理状态也会受到影响。

事实上，在任何场合，意见不合的情况都普遍存在。处理这类问题的关键在于：第一，要接受这一事实，没什么大不了的，在心理上要放松，以免积怨；第二，要根据冲突的方式、程度，决定处理方法。

（一）找出意见不合的原因

解决问题的前提，是弄清楚问题出在哪里，而寻找原因的最直接有效的方式，就是与同事进行沟通。

与意见不合的人说话，首先要创造出融洽的气氛。不要有愤怒或不满的表情，要让对方感觉到你的友好，他才会听你说话，才能让你们的谈话正常进行。想让对方一步一步地接受你的观点，就必须保证你的意见不超出对方心理所能承受的上限，一旦超出其心理上所能承受的上限，他不仅很难再听你说话，而且对你的意见会变得更大。

一般情况下，为什么会出现意见不合，你和同事心里大概清楚，只要创造出交流的氛围，把问题摆出来，就不难解决。不过，也有一些人在面对别人的质疑时，并不知道出了什么问题。这时，你可以直接单独问他："我觉得你最近总是不愿意和我说话，也许我们之间有什么误会。如果我哪里做错了，可以告诉我吗？"一般情况下，对方不会回避这个问题，而问题摆出来，就好解决。当然，如果不方便直接出面询问，也可以找个中间人帮你疏通，去询问清楚。

同在一起工作，就算意见再不统一，也总有共同点。如果能在不同意见中找出相同的地方，以此入手，问题就能迎刃而解。很多人面对意见不合的同事时，从没想过从共通的地方下手，只是一味强调自己的正确性，其结果只能是越来越糟，最后弄得不可收拾。

（二）多用商量的口气

找到意见不合的原因和共通点后，应该采用商量的口气和对方交谈，千万不要让对方觉得你是在与他对抗。你可以时不时地问："如果我这样做，你觉得怎样？"这种语气会让他觉得你很重视他，于是就会淡化对你的成见。

你也可以分两步跟他交流。首先，真诚地向他表示，你很欣赏他的某些做法，也很赞同他的意见。之后，再向他就意见不同的部分进行解释，详细阐明你的理由。也就是说，你应该先站在与他相同的一面，再循循诱导。你可以采取类似的措辞方式："我觉得你的提议非常好，实行起来肯定有很多人喜欢。不过，要是换一种方法实行，也许会更完美。"

总之，不管你和同事之间的分歧有多大，你都要"得饶人处且饶人"，凡事多忍让一点。如果你觉得忍无可忍，那么你可以先把这个具体问题放下，试着想想他的优点和好处，你也许会发现，原来他并非一无是处。这样，你就不会为细节问题而耿耿于怀了。

在与同事讨论问题时，你要牢记，你们不是在一决高下，没有必要把彼此放在对立面。只有学会从多角度看问题，特别是从对立的观点看问题，视野才会更开阔，考虑问题才会更成熟。因此，与同事进行富有成效的讨论的基本前提是宽容，善于接受不同的意见。这样才能提高认识，从讨论中受益。

在讨论时，大家都有平等发表意见的权利。当同事发表意见时，你要做到仔细聆听和及时回应。让同事感觉到你的宽容和诚意。

讨论问题时，思路要清晰，观点要明确。不仅如此，你还要为自己的观点提供有力的理论和证据支持，让大家明白你在说什么。只有这样，你和同事的讨论才会卓有成效，不至于陷入空泛。需要注意的是，空泛的口水战，往往会带来一个结果：问题之争缺失，人际之争浮现。

（三）勇于肯定对方

肯定对方，就是承认对方正确的地方，哪怕他正在跟你激辩，对你意见很大，但只要他是正确的，你就要勇于承认。这不仅可以展现你大度的一面，同时也是消除对方抵触情绪的最好办法。如果你发现同事还有别的好习惯，也可以趁机当面夸奖，只要让他感受到你积极化解矛盾的诚意，你们就有可能最终和解。

在肯定和夸奖对方时，一定要注意分寸，不要表现得太过于亲密，否则会让对方觉得你别有用心。

（四）承认错误并真诚道歉

勇于承认自己的错误并不丢脸，适时地表达歉意还能消除同事对你的抵触情绪。

如果你给同事道歉，可是他正在气头上，软话硬话都不起作用，此时你最好找个中间人来帮你转达歉意，或者是等他气消了以后再亲自道歉。有时候，同事之间积怨太深，无论一方用什么方式道歉，对方都不领情。为了表示诚意，不妨反复多次真诚地道歉。如此，即使有再大的积怨，也不至于化解不了。

不过，凡事都有限度，道歉可以，甚至做出一些牺牲也可以，涉及原则性的问题却不能退让。是非曲直，孰是孰非，绝不能混淆，更不能一味地给自己抹黑，不能揽下所有的责任。道歉的目的是化解矛盾，承担自己应该承担的错误，并不是全盘否定自己或全盘肯定对方。如果不能坚持原则，日后的矛盾会更加没有尽头。

（五）恶意的挑衅不要理睬

产生分歧时，你可能会遇到同事挑衅似的抗议。这并不代表他对你有多大的意见，只是个人情绪的延续而已。因此，你不用理睬这种挑衅，就当作没有听见。你只要做好工作，表现出化解矛盾的诚意，他的挑衅和抗议自然也就逐渐减少了。

如果你想主动化解挑衅，并调动他的积极性，就让他知道你很需要他。当然，如果你只是为了不在工作中激化矛盾，这个办法也足够达到目的了。让同事觉得你接纳了他，这样工作也会更加顺利。

三、面对攻击，是沉默还是爆发？

如果同事在你背后搬弄是非，到处说坏话破坏你的形象，甚至在领导面前打你的小报告，你该怎么办？是去找他理论，还是忍气吞声？其实这两个选择都不好。"谎言说上一千遍就成了真理"，时间长了，你的形象会被他败坏；如果领导是个容易听信谗言的人，小报告也会起到作用。你要做的就是掌握应对的技巧，适时出击。

（一）分清什么是恶意攻击

有时候，同事之间会对一件事产生分歧，对方可能提出一些比较强硬的反对意见。千万不要认为这就是恶意攻击，很多时候，他们只是对事不对人，你只需做出必要的解释和说明，矛盾就会化解。

有时候，由于你处理事情不当，造成同事在利益上受到损害，同事就此向你提出抗议，也不属于恶意攻击。真诚的道歉，可能是解决这个问题的最佳方法。双方由于误会而导致不满，造成某一方出言不逊，这是浅层次的矛盾，还算不上真正的冲突。你要做的是澄清彼此之间的误会，而不是加剧矛盾。

即使你确定自己遭到了恶意攻击，也不必一一回击，稳妥的处理方式莫过于不予理睬。如果攻击仍然继续，那么这种人必定是缺少才德的人，如果你立即反击，就上了他们的当。这种人就希望你跳出来对着干，这样他们才有发挥的余地。所以，最理性的反击，是不予理睬。

比不予理睬更好的方法，是主动化解矛盾。在化解同事间矛盾时，应该采取主动的态度，抛开过去的成见，态度要积极、乐观。开始可能会很难，他们不会相信你，认为这是个圈套。不过耐心些，只要坚持善待他们，一点点地改进，一段时间后，矛盾一定会减弱甚至烟消云散。

（二）如果有人搬弄是非

美国《纽约时报》的专栏作家雪儿·黛尔在谈到应对搬弄是非的同事这个问题时，为我们提供了这样的意见：

首先，检讨自己。应该好好想想，自己到底做错了什么事，或者说了什么得罪人的话。既然对方搬弄你的是非，肯定有原因，哪怕这个原因很可笑，但仍然是个触发点。如果你不知道原因，就去找对方理论，只会让对方变本加厉。你可以直接问同事："我不知道我们之间有什么问题，请你告诉我，到底发生了什么？"

其次，委婉地给对方一个警告。让他知道，你绝对不会放任他搬弄你的是非。有些时候，对方会不承认自己在别的同事面前搬弄是非，这种情况下你不用急着拆穿他，可以跟他说："也许是我误会了，抱歉。不过，我希望以后有什么事情你都直接来跟我说。"

最后，当你的警告无济于事，对方依旧到处搬弄是非时，你要明确地告诉对方："如果这个问题还解决不了，就让领导来解决吧。"如果这种警告依然没有作用，那么就直接报告领导，让领导帮你解决。当然，如果你们之间的问题还不至于影响工作，而且对你跟同事的关系影响不大，那就没有必要向领导报告，随他去好了。

（三）如果有人打小报告

对打小报告的同事，最好采取针锋相对、据理力争的方法，大胆揭露和驳斥其散播的谣言。因此，首先你要主动出击，把事情的真相详细地告诉所有同事，让他们有个大概的了解。其次，与打小报告的同事公开理论，对比事情的真相和他编造的谎言。客观存在的事实是无法改变的，是经得起考验的，什么是事实、什么是谎言，只要一对比就会非常清楚。你也可以找旁人来充当评判者的角色，这样更有说服力。

另外，想打小报告，得有借口或把柄才行。这些借口或把柄哪怕只有微不足道的一点点，也会被无限放大。俗话说"身正不怕影子斜，脚正不怕鞋底歪"，如果你为人正直无私，值得信赖，而且办事认真负责，尽心尽力，那么那些想打你小报告的人就不敢贸然动手了。如果不给喜欢打小报告的人留下把柄，自然也就没人能打你的小报告了。

（四）巧妙应对排挤

工作能力强的人往往会得到领导的赏识，有时候会招来一些同事的排挤和恶意攻击。如果你发现同事一反常态，不再那么友好，一起工作时表现消极，给你出难题、不配合，让你出洋相、被笑话，你就要当心了。这些迹象表明，你被同事排挤了。该如何应对呢？

同事不可能无缘无故地排挤你，肯定有原因。你可以反思一下，是不是升职的脚步太快？是不是刚到单位上班就得到了令人羡慕的优越条件？是不是爱出风头、标新立异？是不是工作上没有顾虑同事的感受，把同事抛在一边？是不是妨碍了同事升职、涨工资？等等。

如果不是你的错误，那么就要加强防范工作。最基本的措施，是做好日常工作及成绩记录。如果有人想要排挤你，必然会想方设法否定你的成绩。这时，如果你能拿出凭证，证明你在工作中取得的成绩，就能有效地保护自己。因此，在平时的工作中，做好工作记录是非常有用的。

另外，尽量不要跟同事透漏过多你工作上的想法和计划。因为总有一些人自己没有想象力和创造力，专靠窃取别人的创意来表现自己。很多事情你自己知道就够了。

欺软怕硬的心理，大部分人都有，所以，当你面对恶意诋毁的时候，应该强硬一些。如果到了忍无可忍的地步，不妨与对方把话说明白，让他清楚地感受到你的力量。也可以采取先发制人的办法，在排挤者向领导说你的坏话之前，你先在领导面前"打好预防针"，把主动权握在自己手中，堵住对方的嘴。

战国时期，张仪和陈轸都投靠到了秦惠王门下，而且都受到了重用。二人都是外交、谋略方面的高手，都能言善辩。

一山不容二虎，张仪很快压倒了陈轸。张仪以连横之术游说秦惠王，深得秦惠王宠信，被任命为相，一时权倾朝野。张仪还利用秦惠王的信任，使用反间计和中伤法，排挤秦国旧臣，以巩固自己的地位。

陈轸知道张仪迟早要陷害自己，于是不等张仪动手，便先发制人，请田莘出面对秦惠王说："能危害我们秦国的是楚国，楚国知道横门君善于用兵，陈轸富于谋略，必定会请张仪来陷害二人。希望大王能分别真假，不要听信张仪的话。"

果真，没过多久，张仪便向秦惠王说陈轸的坏话，谁知他刚一开口，就被秦惠王呵斥了一顿。

陈轸先发制人，先张仪一步把自己的观念灌输给了秦惠王。这就是陈轸能够制胜的原因。

（五）谗言需要反复防范

有句老话说："谎言说上一千遍就成了真理。"如果你身边有人常常诋毁他人，那么你必须随时防范。任何一种信息，如果不停地被重复，就会进入潜意识，无形中加深印象。

战国时，魏国大臣庞恭受君王之命，随太子前往赵国邯郸做人质。庞恭想到自己这一走生死未卜，归期遥遥，说不定会有人在魏王面前说自己的坏话，自己远在邯郸不能辩驳，恐怕会因此而获罪。因此，庞恭在临行前特意去觐见魏王。

庞恭对魏王说："如果现在有人说大街上有一只老虎，大王会相信吗？"

"寡人不相信。"魏王回答。

"如果又有人来对您这样说，您会相信吗？"

"寡人会半信半疑。"

"如果又有第三个人来说呢？"

"既然有三个人这样说，那寡人就不得不信了。"

于是庞恭正色道："街上不会有老虎，这是明显不过的事情。可是只要两个人说街上有老虎，一般人就会相信有老虎了。现在邯郸距大梁要比街市远得多，在大王面前数落臣的人也一定不止三个，希望大王明察。"

"这个自然，我都明白。"魏王说。

庞恭于是放心地随太子前往邯郸。人还没到邯郸，就有同僚在魏王面前毁谤他了。后来，等太子期满回国，不出庞恭所料，魏王因听信了谗言，对他已经不再信任，再也不愿意召见他了。

庞恭早就料到了反复进谗的可怕性，所以临行前特意觐见过君主，可他最终还是失败了。可见，无论是正面的说服，还是反面的煽风点火，反复说服的效力都是相当大的。

四、不能与同事谈的话题

在同一间办公室待久了，同事之间难免会谈一些工作以外的事情。适当的聊天可以缓解压力，可是一不小心说了不该说的话，就会给自己带来麻烦。毕竟每个人秉性不同，有正人君子也有嚼舌小人。为了不授人以柄，你和同事聊天时就要稍加留神。

（一）要回避薪金待遇问题

很多人喜欢相互打听薪水，老板却不想让手下人知道，否则容易引起矛盾。因此，当同事问你的薪金待遇时，必须小心，尽量避开，如果不得不谈，也要模糊化。一旦双方的待遇摆到了桌面上，就很容易惹起麻烦：如果你比他低，他会暗自得意；如果你比他高，他心里又不平衡，弄不好会在你背后搞小动作。

小王刚来公司，单位里的张大姐对她很热心，什么话都和她说。第一个月发了工资之后，张大姐便直言不讳地告诉了她。作为回报，小王也将自己的工资数额告诉了张大姐。张大姐听完之后，笑逐颜开地祝贺她刚进公司工资就比自己拿得多，随后便离开了。没过多久，老板将小王请到了办公室，严厉批评她把工资数额随意散布的行为。原来张大姐得知小王的工资比自己高之后，不但四处抱怨，还在老板的办公室里闹了好久，这件事情让老板非常尴尬。

如果有一天你遇到和张大姐一样的人，该怎么办呢？最好的方法就是早做打算，看到情况不对，直接开溜。如果在谈话时，他的话题一直往工资上面偏，那你最好是尽早打断他，说一些别的话题，将他的话题转移。这样，他就不好意思打破砂锅璺到底了。实在不行，你干脆直接告诉他："对不起，我不想谈论这样的话题。"相信他碰过一次钉子之后，就不会再这样了。

（二）不谈公司里的"闲话"

办公室很容易成为"闲话交流中心"，有些人在一起常常会东拉西扯，遇到这些事情，最好的办法就是沉默，一句嘴都不要插，别人爱怎么说怎么说，你能避开就避开。

办公室里的人际关系是非常微妙的，话说不好就有可能惹来麻烦。有些事情，即使你知道得清清楚楚，也不要对别人宣扬。至于一些"奖金给得太少……""星期六总是加班……"这样的抱怨，万一哪天被有心计的人听到，添油加醋地传到老板那里，有没有可能连你解释的机会都没有？世上没有不透风的墙，万一你的话传到人家的耳朵里，你还不知道呢，已经把人给得罪了。甚至有的人产生报复的心理，工作上难免给你小鞋穿，到时候你连后悔的地方都没有。

一些同事会到你这里来主动和你说别人的不好。遇到这种事情，你最好是头都不要点，能溜尽量溜，实在不行就听一听，说上些模棱两可的话敷衍一下。但千万不要随声附和，否则迟早有一天，当初说坏话的人会莫名其妙地被传成是你。

有的时候，办公室里几个要好的人会聚在一起，说一些应对老板以及在工作时间偷偷懒的小伎俩，这时候你最好也是笑笑就好，不要再翻新花样了。因为万一哪一天他们中的一个人升迁了，变成了你的顶头上司，岂不是尴尬得很？

（三）不张扬自己的私事

一般情况下，不要跟同事谈论自己的私事，这是一条永恒不变的职场法则。比如，你在假期游览了很多名山大川，或者买了一辆高档汽车，都不要在同事面前炫耀。也许有人会嫉妒，也许有人会觉得你过于张扬。

从一定角度来看，职场如同竞技场。今天他是你关系最好的朋友，也许明天你们就变成了竞争对手。越了解你的人，就越容易攻击你。所以，无论你在生活中犯过多少错，遭受过多少次打击，或者享受了多少幸福，都不要把这些情绪带到工作中，更不能张扬。

同事之间聊天，可以谈论男朋友或女朋友的年龄、性格、相貌等，关于爱人和孩子方面的话题也是可以的。但是要适可而止，千万不能不分对象，只图一时痛快，造成以后的麻烦。

（四）不与原先的单位作比较

小赵刚刚来到新单位，对什么都不满意。觉得办公条件没有原单位的好，认为公司的管理水平过于落后……于是整天嘴里嘟嘟囔囔的，不时地向办公室里的同事抱怨。日子久了，办公室里的同事好像都在躲着他，大家本来在一起高高兴兴地说话，他一进来，大家立刻就安静了。单位领导也对他有了很大的看法，有一次还拉着脸对他说："那你怎么不回原来的单位呢？"小赵心里憋了一肚子委屈，他常常在想，我说的都是实话啊……

不论是不是实话，原单位比现在单位优越的话，都尽量不要说。别人并不愿听你说什么"想当年……"的话，每个员工，其实都对自己供职的公司有一种心理归属感，这是不容动摇的。你在办公室里贬低公司，无疑是在向他们的归属感挑战，别人很容易认为你看不起他们。

当然，也不要说原来单位的不好。"喜新厌旧"并不是好事，说明你这个人没情义。如果你常常说原单位的坏话，大家很容易联想到，你今天能这么议论原单位，那么下次你也会用同样的口气说现在的单位。

既然已经离开了原来的单位，就不要拖泥带水，藕断丝连，原单位的好坏对你来说已经没有什么意义了，最好不要再提。

（五）不要大谈你的人生理想

小周从名牌大学毕业，人很聪明，刚到公司不久，就给公司提了许多合理化建议。而且做事勤奋，尊敬同事和领导，大家都很喜欢他。可是没过多久，大家便发现他有一个毛病，越是人多的时候，他越愿意慷慨激昂地描绘自己的人生理想，他不止一次提到自己要当老板，置办属于自己的产业，建立国际性的公司，等等。后来，老板将他当成了敌人，同事将他看作异己，眼看着和自己一同进入公司的、各方面都不如自己的人得到了升迁，自己还是原封不动地待在老位置，小周心里很不是滋味。

我们每个人都有或大或小的野心，然而你现在在公司里，而公司里的位子和机会是有限的。一个人如果在公司里将自己的野心公开，差不多就等于公开向同事们宣战。狼多肉少、树大招风，你自然会被同事们排挤，被上司提防。有时候，放低姿态是自我保护最好的方法。如果你能将说话的气势用在做事上，价值迟早会体现出来。真正能做成大事的人，都体现在做事上面，而不是说话上面。更何况办公室本来就是个多事之地，你今天刚刚说了的话，没准明天就被人夸大好几倍传到了老板的耳朵里，你的尴尬境地可想而知。

第二节

头儿，我哪里做错了吗

跟领导说话要注意

跟领导沟通，最难的当数自己工作不力的时候。首先，你要就工作未完成或不够完善的原因——说明。陈述时要避免自我辩解，而是理性分析工作得失，以便日后工作的规划和实施。在这个过程中，领导会理解你的难处，并进一步确认你的闪光点：勇于承担、冷静、善于分析问题、能着眼于未来等。这样，你就可以变不利为有利。

一、与领导说话的四个准则

在领导和下属的关系中，唱主角的永远是"命令和服从"。在其位，谋其职，这是无可指责的职场规则。但是，要想在职场中闯出一片天地，只靠服从命令是远远不够的，还要看与领导的关系是否融洽。而怎么跟领导说话，能否与领导有效沟通，在很大程度上又决定了你和领导关系的好坏。

与领导说话，不是难在有礼，而是难在得体。想要做到得体并不容易。需要知己知彼，掌握时机，而且要恰当地展示自己。

（一）了解领导的性格

面对性格各异的领导，要有见什么领导说什么话的能力，这并不是投机，而是为了实现更有效的交流。打个比方，有些领导很讨厌别人在他面前提起竞争对手的情况，而你偏偏在他面前说："A 单位最近又招聘新的员工了，看来他们在扩大业务，估计发展得挺好。"这一句话就撞到枪口上了，如果领导心胸狭窄，说不定就会把你列入黑名单。

与领导沟通时，首先要发自内心地尊重领导。作为领导，他总有强于你的地方，或者能力出众，或者经验丰富，或者拥有各种资源。所以，对待领导要像对待师长那样，在尊重的同时，还要着眼于他的长处，学习他。

在这个基础上，再去了解他的性格：是温和，还是粗暴；是事必躬亲，还是大胆放权；是礼贤下士，还是妒贤嫉能；是善于决断，还是犹豫不决。这些都要考虑。然后，根据特定的性格，选用恰当的交流方式，提高工作效率。

（二）选择适当的时机

与领导沟通固然重要，但如果不合时宜——频率过高，或者不看时机——也会给领导带来许多不便，使交流的积极作用转变为负面干扰。领导要处理的事情很多，并不是任何时候都有时间跟你说话。因此，应当选择适当的时机与领导沟通。假如是个人私事，就不要在工作时间打扰他。

如果你迫切地想跟领导交流，不妨先给他传张字条，或者简单接触一下，问他什么时候有时间；也可以说明你请求交谈的时间、地点，问领导能否安排。

一般来说，刚上班的时候，领导是最繁忙的。他要安排一天的工作，还要整理相关文件和资料。快下班时，大部分人又会疲倦或心烦。显然，这两个时段都不是与领导谈心的最好时机。

通常来说，上午十点左右，领导可能刚刚安排完一天的工作，有一种如释重负的感觉。这个时候，如果你以委婉的方式提出你的要求，比较容易引起重视。另一个相对合适的时段，是午休结束后的半小时内，此时领导经过短暂的休息，会有更好的体力和精力，比较容易听取别人的建议。

除了时段需要注意之外，还要注意领导的心情。不同的心情，对于下属的要求，会有不同的处理方式。而作为下属，可以根据领导心情的不同，采取不同的应对措施。

日本德川幕府时期，有一天，大将军德川家光在洗澡时，仆人误将滚烫的热水浇在了德川家光身上，德川家光的皮肤立刻被烫红了。

德川家光大发雷霆，他愤怒地回到房间，叫来总管阿部丰后守，吩咐道："立即处死那个烫我的浑蛋！"

丰后守觉得这个惩罚过于严厉，但他又不敢违抗命令，只能暂时遵命。

但他并没有立即执行，而是悄悄对德川家光的贴身侍从说："等将军情绪好转的时候通知我。"

晚饭过后，德川家光的情绪完全平静下来了。丰后守马上赶去拜见，小心询问道："刚才将军要在下怎么处罚那个烧水的仆人？在下一时疏忽，有些记不清楚了。"

德川家光没有说话，他盯着丰后守思忖了一下，说："那个仆人也是无心的，我看就把他流放到八丈岛好了。"

丰后守回答："是，遵命。"然后退了下去。

当丰后守听到将军的死刑命令的时候，虽然回答"是，遵命"，但只是遵命而已，并没有立即执行。他知道，人在感情冲动的时候，即使是将军，也很容易做出不正确的决断。他知道将军的决断不妥当，但是如果当场指出这一点，只会使将军更加恼怒。那样的话，不但无法达到说服的效果，反而会使事情越来越糟糕。

丰后守成功地说服了将军，但并没有任何多余的话，他只是选择了适当的时机，向将军重新请示了一次，对命令重新确认而已。

（三）切忌当面触犯

韩非子曾说过一句话，用现代汉语翻译过来，大致意思是："向君主进谏，最忌讳的便是当面触犯。"在当今社会中，下属与领导的关系，也要遵循这个基本原则。

春秋时代的齐国宰相管仲深明这个道理，所以在进谏时总是察言观色，等到适当的时机再从旁进谏。但是有一次，他稍不小心，还是触到齐桓公的"逆鳞"。

当时，管仲审核国家预算支用的情况，发现宴客费用居然高达三分之二，而其他的经费加在一起只有三分之一。他认为这太浪费，此风断不可长。于是，管仲立刻去找桓公，当着众臣的面说："大王，必须裁减招待费用，不能如此奢侈……"

话未说完，桓公面色大变，语气激动地反驳说："你为什么也要这样说呢？想想看，之所以隆重地招待那些宾客，目的就是使他们有宾至如归的感觉，这样他们回国后才会大力地替我国宣传；如果怠慢那些宾客，他们一定会不高兴，回国后就会大肆说我国的坏话。我国不缺粮食，不缺物品，何必节省呢？要知道，君主最重视的是声誉啊！"

"是！是！主公圣明。"管仲不再强争，即刻退下。

如果换作一个顽强好辩的人，继续抗争下去，可以想象会有什么后果。管仲的聪明之处在于他善于察言观色，适时后退，做到了该进则进、该退则退、当止则止。这样，他维护了君主的尊严，在后来的工作中慢慢影响桓公，使问题逐步加以改善。

下属面对上司，一定不要逆犯对方的忌讳和尊严。所谓"出门观天色，进门看脸色"，是作为下属的基本功，要像管仲一样，懂深浅，知进退。

（四）说话之前要有腹稿

有些人在与领导说话时，总是唯唯诺诺，甚至点头哈腰，这让人非常反感。与领导交谈做到有礼貌、谦逊是必要的，但这绝不是要你对领导低三下四，随声附和。在与领导说话时，应当在尊重领导的前提下，做到不卑不亢、落落大方，并且提出自己的看法。真正有水平的领导，是不会对阿谀奉承的人委以重任的。

如果在和领导说话时，能做到表情自然，态度谦虚，言辞妥帖，再尽量清晰地表达自己的见地，领导肯定会对你刮目相看。

在与领导交谈之前，应该把自己的思路整理清晰，明白要说什么、目的是什么，陈述时做到清晰、简单、有条理。交谈时，要将问题简明扼要地说清楚。如果你拿不定主意，需要请示领导，最好提前准备两个以上的方案，并详细地向领导分析它们的利弊，以便领导快速地做出决断。

事实上，这种准备工作，不仅仅局限于下属和领导的交流。在日常谈话中，我们总会不自觉地犯一些错误，大多数情况下，别人不会指出我们的这些错误。因此，要避免犯错，只能靠我们自己的三思而后言。

所谓三思而后言，是指在每次说话前对自己将要表达的内容稍做思考，并对交谈中可能出现的问题做出预想，这样做可以有备无患。另外，还要根据对方的性格、情绪等，给自己设置一个"警戒线"，以免出现矛盾。如果做不到三思而后言，交谈中漏洞百出，会给对方浅薄无能的感觉。

第一次与人交谈，更要做到三思而后言。否则会对后面的交往产生不利影响。

二、怎样汇报领导才满意

每个下属都有向领导汇报工作的职责和义务。经常向领导汇报工作，能得到领导及时的指导。遇到困难和麻烦，领导还会想方设法帮助你，比自己闷头苦干要好得多。

对一些下属来说，向领导汇报工作并不是一件轻松的事，他们总是觉得不会汇报工作，担心汇报得不能让领导满意。的确，很多人在向领导汇报工作时词不达意，或者说话欠妥，把本来很简单的事情弄得很复杂，甚至激怒领导。

（一）汇报的内容要真实准确

向领导汇报工作，要实事求是，不能弄虚作假，更不能哗众取宠。而且，汇报的内容要具体、准确，否则就没有实际意义。工作中产生的很多麻烦，绝大多数是下属向领导汇报工作时未准确报告而造成的，只有真实、准确的数据，才能让领导做出正确的判断和决定。

一位中年浙商始终不能忘记一件事，那件事发生在他年轻的时候。当时他给人打工，负责接货、验货。一次，经理问他，电子元件厂的货是否已经送来，他回答："送过来了。"经理问："一共多少张？"他回答："一共五万张。"经理又问："你确定是正好五万张吗？你数了吗？"他说："哦，没有，我记得单子上写的是五万张。我觉得不会错，就没数。"经理立刻沉下脸来，冷冷地说："如果这种情况再有一次，你就不用继续留在这里工作了。本单位不能要一个本职工作做不到位、接货情况都不能汇报清楚的人。"

在向领导汇报工作前，应当认真拟定将要汇报的内容，不能敷衍了事，也不能太啰唆，要诚实、准确、有条理。你的工作态度和成果，无法躲过领导的眼睛，所以不要心存侥幸。

汇报有时采用书面汇报，有时采取口头汇报。任何一个领导都不可能只听你汇报而一言不发，所以你要把他可能提出的问题预想一下，并做好准备。部分领导在听下属汇报工作时,会不断询问下属,这时,你应该停下来耐心回答。

在汇报的过程当中，要用平缓的语气。你要明白，你面对的不是听演讲的观众，而是领导。

向领导汇报工作的过程也是反思自身不足的过程，不要害怕受到责备，应该调整好自己的心态，利用这个机会好好地提高自己。

（二）不能说的几句话

在汇报工作时，一定要注意分寸，不能无所顾忌，否则会给人留下不懂礼数的坏印象。应尽量避免以下说法：

"您辛苦了。"这句话本来应该是领导慰问下级时说的，如今你反过来对领导说，会让人觉得啼笑皆非。

"对于您的做法，我很感动。""感动"一般也是领导对下属的说法，领导经常会说："你们这么尽心尽力工作，我很感动！"但是，当反过来用在领导身上时，听起来总是很别扭，有喧宾夺主的意味。如果真想表达对领导的感激之情，可以说"敬佩""佩服"等。

"随便，无所谓。"这样的话会让领导觉得你是一个懒散、轻浮的和不懂礼节的人。汇报工作应该是严谨、一丝不苟的，"随便"一词很容易激怒领导，从而让你下不了台。

"你不知道这事。"这句话带着一种轻视的色彩，很容易伤害领导的脸面。领导不可能对所有事都了如指掌，当你发现有领导不清楚的事情时，千万不要大惊小怪，否则总有一天要为自己的言行付出代价。

"这工作很难办啊。"领导分配任务给你，自然有他的道理，如果你使劲儿抱怨"不好办"，在领导看来，就是推卸责任，甚至觉得你这个人根本不值得重用。而且如果一直说难办，也相当于暗示领导没有把工作安排好，这会让领导很尴尬。

（三）不要无事生非、大惊小怪

在反映其他员工的情况时，要做到实事求是。不能对小事添油加醋，或者唯恐天下不乱似地制造谣言。应根据所反映事情的轻重缓急，调整自己说话的语气，娓娓道来，让领导更清晰地了解情况，从而提出应对措施。

在工作中，有时会出现这种情况，下属气喘吁吁、慌慌张张地冲进领导的办公室，脚还没站稳，就大声说道："不好了，张总，又出麻烦了！"当老板追问出了什么事时，他却说："我的电脑死机啦！"（或者"电脑中毒啦！"。）"厕所下水道堵了，水要漫出来啦！"这会让老板非常恼火，任何领导都不会喜欢这样的下属。工作中出些麻烦和不顺利的事情，是很正常的，但遇事慌手慌脚到如此地步的下属，实在无法让人信任。

三、说服领导是你的本事

世界上没有一片叶子是相同的，人也一样，想法总是有不一致的时候。当你和别人的意见不一致时，势必有一方要做出妥协，想要对方妥协，就要说服对方。如果你要说服的对象恰好是你的领导，想做到既达到目的，又不能得罪领导，就更要花费心思，寻找时机，调动资源，仔细斟酌你的说辞。

（一）看准领导的心情

人在心情不好时，往往会迁怒很多不相关的事情。领导也是一样，如果在领导心情低落时，试图说服他，结果可想而知。在这种时候，你可以把事情先放一放，等到领导心情好时再去说服他。

某单位为扩大经营，新建了几间机房，并且购置了一批电脑和打印机等设备。当这些设备安装好之后，有员工建议在机房内安装空调，这样有利于计算机等设备的保养。但是，领导对这事迟迟不予批准。领导认为，单位其他员工都在没有空调的情况下办公，如果单独对机房破例，未免有失公平。所以，尽管员工纷纷建议，他们始终没能说服领导。

没过多久，单位组织员工出去旅游、参观。在一个设备展示会上，领导发现一些办公设备有了毁坏和破损，就询问解说员是什么原因。解说员说，由于缺乏足够的经费，没有提供空调等制冷设备，而这些设备需要保持合适的温度才有利于保养。领导听后，不禁有些感慨。

这时，一名机房员工悄悄走过来，乘机对领导说："经理，机房里能装空调吗？"经理看了他一眼，微微一笑，随即点了点头。回去后，经理马上批准了机房安置空调的要求。

（二）态度诚恳，言辞妥当

向领导提意见时，说话的态度必须诚恳。这样，即使领导不采纳你的意见，也不会影响他对你的看法。你可以这样说："老总，我想请教您一件事。关于这套衣服的设计，难道没有更好的办法吗？"当领导如你所料，告诉你"没有"时，你可以提出自己的想法，间接告诉领导你有更好的意见。

（三）寻求外援

如果你觉得自己的说服力不够，可以想办法借力，也就是寻找一个更有地位和说服力的人，帮助你说服领导采纳你的意见。

（四）巧用迂回策略

当领导已经下了死命令，不准反对某项决定时，想要说服他，可以采用迂回战术，即从侧面敲击，不当面顶撞。

战国时赵国的赵太后刚刚执政，秦国就前来攻打。赵太后向齐国求救，齐国要求必须用赵太后的小儿子长安君做人质，否则就不出兵。赵太后不肯答应，大臣们极力劝谏，太后很恼怒，宣称："谁敢再说让长安君去做人质，我一定唾他一脸！"

大臣触龙去拜见太后。太后气冲冲地等着他。触龙做出努力快走的姿势，但脚步慢腾腾的，到了太后面前谢罪说："老臣腿脚不利，走不快。很久没来看您了，很担心太后贵体。"

太后说："我全靠坐辇走动。"

触龙问："饭量还可以吧？"

太后答："喝点稀粥罢了。"

触龙说："我近来总是不想吃东西。好在我强迫自己多走走路，每天走上三四里，慢慢地稍微增加了点食欲，身体也舒适些了。"

太后说："我做不到。"怒色已经消解了些。

触龙说："我的儿子舒祺年龄最小，不成才。我已经老了，很疼爱他，希望能让他递补上黑衣卫士的空额，保卫王宫。希望太后能允许。"

太后说："可以。年龄多大了？"

触龙说："15岁了。我希望能在我入土之前，把他托付给您，这样我就放心了。"

太后说："你们男人也疼爱小儿子吗？"

触龙回答："当然了，比女人还疼爱呢。"

太后笑答："还是女人更疼爱。"

触龙说："我私下认为，您疼爱燕后就超过了疼爱长安君。"

太后反驳道："这你就错了！我最疼爱的当然是长安君。"

触龙表示不理解："父母疼爱子女，就得为他们的将来考虑。您送燕后出嫁的时候，痛哭流涕，伤心她嫁到远方；她出嫁以后，您虽然很想念她，可是祭祀时，您总是为她祝告说：'千万不要被赶回来啊。'这说明，您是为她做长远打算啊，希望她生育子孙，一代一代地做国君。是这样吗？"

太后感慨说："是这样啊。"

触龙说："从这一辈往上推三代，一直到赵国刚刚建立的时候，当初封侯的，还后继有人吗？"

赵太后说："没有。"

触龙说："其实不止赵国，其他诸侯国君的被封侯的子孙，他们的后人还有在的吗？"

赵太后说："我没听说过。"

触龙说："我不相信，国君的子孙就一定不好。他们之所以后继无人，是因为他们位高权重，却没有相应的功勋来支撑。现在您把长安君的地位提得很高，如果不趁现在这个时机让他为国立功，一旦您百年之后，长安君凭什么在赵国站住脚呢？我觉得，您为长安君打算得太短了，所以我认为您疼爱他不如疼爱燕后。"

太后说："好吧，那就派他去做人质吧。"

于是，长安君带了100辆车子，到齐国去做人质。齐国的救兵才出动。

这个故事中的触龙，无疑是说服上级的好手。先是绕开主题谈家常，使对方放松；然后从侧面接近主题，先说相关的其他事；最后直说主题，抛出结论。其说服方式避开所有可能的对抗，不留痕迹，循序渐进，出奇制胜。

说服领导的方法有很多，不管哪种方法，勇气和决心都是前提条件。如果你想要领导改变决定，却没有说服他的勇气，那么就算你心中的话再精辟也没有任何意义。所以，当你想要说服领导时，就请勇敢地迈出第一步。

四、敢于向领导提要求

每个人都希望生活得更好一些，薪水更多，职位更高，工作环境更舒适。然而，并不是足够努力就一定会梦想成真。很多时候，还要大胆地把心里的想法说出来，因为努力的不止你一个，每个脱颖而出的人势必要经历一番残酷的竞争。如果你想得到更多应得的利益，就要学会争取。

（一）敢于提出要求

"只要工作好，领导自然会提升我、给我加薪"的想法，不见得总是正确的。每一个领导都希望自己的下属尽心尽力地完成每一项工作，但不是每一个领导都会主动提起加薪和升职。很多情况下，如果你不说，领导是不会主动提出的。

也许你在加薪和升职方面的想法很强烈，但领导不见得能感觉到；有的领导即使感觉到了，也不见得能够做出相应的反应。这时，你有必要让他了解你内心的想法。

向领导提出要求时，语气要尽量平和、委婉，比如："张总，下个月我的工龄就满五年了。咱们单位不是有规定，员工工作三年以上就可以申请主管职位吗？您看，我适合做主管吗？"如果他觉得你合适，自然会做出合理的安排。如果你不说，也许他根本不知道你已经在他手下干满了五年。领导的事务很多，无法照顾到每个细节。

如果你觉得自己具备某种能力，却没有得到领导的赏识，那么最有效的办法就是敢于自荐。"毛遂自荐"的故事很多人都知道，实际上，自我推荐，是需要跨越障碍的，并不是那么容易。据《史记·平原君列传》，毛遂勇敢自荐之后，主人平原君提出了疑问。

平原君很吃惊，对毛遂说："凡人在世，如同锥子装在袋子里，如果真的很锋利，尖端很快就会戳穿袋子，露出锋芒。可是，你在我门下已经三年，一向默默无闻，这是为什么呢？是不是你的才华不够？"

毛遂回答："我之所以默默无闻，是因为我一向没有机会。如果让我有机会被放在袋子里，不仅尖端，甚至连柄都会露出来。"

平原君觉得毛遂的口气很自信，就同意带他一起去。

如果你觉得自己有能力胜任某个职位，或有资格得到某种待遇，不妨大胆地对领导说"这项工作让我来试试吧""我有能力如何如何"。不过，在向领导推销自己之前，你必须做好充分的准备，对要执行的工作有清晰的认识，千万不能意气用事，揽下自己力不能及的事情。

（二）要求必须合理

有些人向领导争取应得利益时，往往把握不好合理的分寸。如果要求太高，会让领导反感，觉得你是在邀功。其实，功劳和利益应该是成正比的。打个比方，当你为单位挣来一百万元的效益时，你得到的犒赏就是那一百万元的相关提成，除此之外的要求都是不合理的。

与要求过高相对的，是要求过低。当你有要求时，如果担心领导责备而不敢全部提出，那么你的要求就可能无法得到真正的满足。比如说，领导问你对奖金的发放是否满意，你如果发现自己的少了，可以这样对领导说："谢谢领导的关心，您已经对我们很关照了。不过这里有个小差错，我上个月出差的时间是半个月，单子上写的只有十天。"要先对领导表示感谢，再提出要求。大多数情况下，不是领导分配不均或恶意克扣，很可能是由于大意而忘记，或者有的数据不够准确。只要你的要求是合理的，言谈又守礼，领导一般不会不予理睬。

要求利益的前提，是做出工作成绩。只要成绩摆在那里，那么向领导提出合理要求，他就不会拒绝，会欣然同意。相反，如果你不思进取，就算没有利益要求，领导也不会欣赏你。

（三）如果领导不通情理

一般而言，只有领导批评下属的份儿，没有哪个下属敢批评领导。不过，如果领导过于不通情理，下属也不能一味隐忍，否则积怨会越来越深，严重影响工作的心情，领导与员工的关系会扭曲，最终导致工作的失败。因此，如果员工向领导提出合理的要求，而领导一再否决，下属也可以适当批评领导，以期校正领导的态度。当然，这种批评必须很小心，方式必须很巧妙。

有一家软件公司，员工待遇很差。老板从来没有想过改善员工的生活，员工叫苦连天。

老板之所以不肯改善待遇，是因为他觉得自己手下的这些员工全都是庸才，不但没有能力，而且不努力，还不够忠心。有人对他说："你看隔壁那家公司，员工待遇比我们多一倍呢！"他不屑一顾地反驳道："人家的员工都是名牌大学毕业，可我这里的呢，都不好意思提学校名字。"

日子一天天过去，终于，有位老职员向老板反映："最近员工的迟到次数越来越多了，好几个已经不来上班了。"

"为什么？"老板很不解。

"坐公交车吧，车上的人挤得像沙丁鱼，而且总是堵车。可是坐出租车的话，车费又太贵，他们真不知道该怎么办才好！"老职员叹了口气，一副无可奈何的样子。

"那就让他们以步代车，一毛钱也不用花，还能锻炼身体，岂不是很好？"老板似乎找到了好办法。

老职员摇了摇头，叹口气，开玩笑似的说道："不行啊，如果鞋袜走破了，他们没钱买新的。我倒有个办法，希望老板支持一下。"

"什么办法？"老板好奇地问道。

"让他们赤脚走路来上班，不就解决问题了吗？"

"什么……"

"没办法呀，谁让他们运气太差，不去想发财的门路，偏偏来做别人的职员。做一般职员也就罢了，偏偏还要做这么苦命的职员。依我看，他们没钱坐车、没钱买鞋袜，都是活该！"

老板听完，觉得很不好意思。他想，在员工眼里，他可能就像个奴隶主，一点儿都没有人情味儿。最后，老板同意改善员工的待遇。

在这个故事里，老职员就是通过开玩笑的方式批评老板不体恤下属。他说的话恰到好处，适可而止，既让老板明白了话中意思，又没伤及脸面，是一次成功的批评。

领导不是万能的，失误的时候也需要别人的批评，这样才能及时改正，保证工作的顺利进行。下属面对公司的错误，如果不能想办法指出，那也是一种失职；同时，公司的错误也会影响员工自身的利益，即使只是为了自己的利益，也应该敢于给老板提意见。但是，提意见的方式非常重要，如果方法不当，可能会连饭碗都保不住。所以，在给领导提意见之前，一定要想好完整的计划以及应对措施，这样才能一举成功。

第三节

怎样说，下属才听话

如何跟下属沟通

你所下达的命令，应该与接受命令者的思想观念、做事方法相契合，保证这个命令能够被心甘情愿地接受。命令的落实，毕竟需要下属具体执行，所以，只是你自己认为命令合理是不够的，还要看下属是否发自内心地认同。当下属对你的命令不能完全信服时，执行起来的效果往往不会太好。

一、顾及下属感受

领导找下属谈话，一般都目的性较强，比如，了解工作情况、解决纠纷、下达命令和批评教育等。领导们希望通过谈话能更好地引导下属，让他们更加努力工作，取得更好的成果，不过，只有恰当的谈话方式才会起到这样的作用。归纳起来，就是动之以情，晓之以理，刚柔相济。

（一）不要盛气凌人

每个人都不愿意受到太多束缚，你的下属也一样。所以当你找下属谈话时，不要摆出一副要别人无条件听命于你的架势，这样会让他从一开始就有抗拒心理，即使你后面的话再诚恳，也会让他觉得你是在表演。

好的领导者，在下属心目中的形象，应该是可亲可敬的。一方面，要有威严，在能力上和气质上，要令人敬佩，甚至敬畏；但另一方面，在谈论具体问题的时候，一定要让人觉得亲切，容易沟通和相处。

领导要树立威严，并不能体现在盛气凌人的神态上，切忌趾高气扬、满口严厉的指责。如果你的员工，总是担心自己会遭到斥责，或者担心无法完成命令而失业、降级或减薪，他就无法全身心地投入工作。领导者不能使用太偏激的话语，比如对下属说："你要是不能完成这项任务，我们就开除你！"面对这种话，本来就犹豫的人会随口回答："我还不想干了呢。"

如果你想让员工充分调动自己的积极性，心甘情愿地听从指挥，那就要把他当成可以坦诚以待的好朋友，给他们增添信心，让他们相信，即使再困难的事情也能做成，因为有一个强大的领导站在自己身后支持自己。

如果谈话双方遇到了敏感问题，或者因为冲突而陷入僵局，领导可以暂时中止谈话，待气氛缓和后，再继续进行。

（二）求同存异，以理服人

对于同一项工作，领导和下属的目的是一样的，都是把工作做好，只是有时候方法不同。值得注意的是，即使方法不同，下属在具体工作当中，总有某些意识和领导是一样的。作为领导，为了能有效地说服下属，应该敏锐地把握两者之间的共同之处，在此基础上再寻找两者的不同。领导可以就这种不同展开讨论，也许在讨论中会发现，所谈的工作还有更好的解决方法。就算两个人都不想妥协，还可以在共识的基础上，缩小两者之间的分歧。

个别情况下，有的下属会不听指挥，办事时喜欢按照自己的想法去做。也许，下属的做法并没有错，却给领导的管理带来了不便。面对这种情况，领导最好采取单独面谈的方式，既让下属避开同事之间的压力，使其更好地反省自己，又可以避免因为说服不利而影响自己的权威。

作为领导，看到下属与自己的意见相左时，切忌用权力去强行压倒下属。要知道，真正能够带好下属的领导者，靠的不仅是权力，更是智慧，一种以理服人、以情动人的智慧。否则就会貌合神离，遗患无穷。说服他们的最有效方法，就是让事实说话。一旦领导这样做，其强大的力量，以及精神上的高风亮节，必然会让下属折服、感动不已，他们会从心底佩服领导，在无形中接受规劝。只有这样，领导才能赢得下属真诚的拥护与尊敬。

许多说服工作没做好，并不是我们没把道理讲清楚，而是由于劝说者没有设身处地替对方着想。领导者在劝说下属时，如果能主动说出对方的合理之处，以及委屈与难处，就可以在无形中清除情绪和认识上的障碍。

（三）怎样消除对方的反抗情绪

有一位日本作家叫藤本，他给自己的女儿规定，晚上回家的时间必须在十点以前。一天晚上，女儿直到夜里十二点才回到家里，还喝了不少酒。女儿进门后，母亲就训斥了她一顿，最后说："去跟你爸爸解释吧。"

女儿感觉到暴风雨要到来了，酒醒了不少。当她怯生生地站在父亲书房的门口时，面色凝重的父亲只说了一句："等你有了自己的女儿，你想让她也像你这样狼狈吗？"之后就关上了书房的门，留下了无言的女儿。

虽然只有这么一句话，作用却胜过他夫人的一大通说教。从此女儿没有晚回来过。即使有特殊情况耽误，也会主动打电话回来说明，醉酒更是没再发生。

孩子在成长过程中，对父母的反抗情绪有时是没有道理的，你让他往东，他偏要往西。于是，做家长的就经常会说："怎么搞的，我已经和你说过那么多遍了！"孩子听了自然不会服气，然后家长的下一句又往往会说："你这是对长辈的态度吗？"按照这个情形，一场说教和反抗之间的斗争就会无休止地延续下去，最后的结果肯定是谁也说服不了谁。

不论是对待孩子还是对待下属，责骂只会带来更强烈的反抗。严厉不是不对，但要讲究方法。就像这位作家，巧妙地把问题抛给女儿，让她自己去想清楚。否则一顿狂风暴雨，只会把女儿骂得头脑发昏，错在哪里，为什么会犯错，她已没有精力去反思了。母亲的训斥，已经让女儿知错，但也激起了反抗的冲动，而作家则把反抗巧妙地压制住，把思考的空间留给女儿，这实在胜过千万句严厉的责备。

在工作中，下属犯了错，需要领导明确地指出，态度可以严肃，但绝不可以用伤及体面和斯文的措辞。你应该让下属的内心产生羞愧和歉疚，而不是反抗的怒火。记住，做领导，也要做良师。

有的时候，领导做了犯众怒的事，下属也会有反抗的情绪，作为领导者，就需要反省，想想为什么这些下属不像以前那样听话了，自己又错在了哪里。古人云"自知者明"，认清了自己的错误，及时改正，善莫大焉，否则积患久了，没准会落个树未倒而猢狲散的结果。

（四）动之以情

白居易曾写过这样两句诗："功成理定何神速，速在推心置人腹。"诚然，推心置腹地为他人利益着想，会让下属心甘情愿地听你的差遣。古人云："感人心者，莫先乎情。"领导者的说服工作，在很大程度上，可以说是情感的征服。在工作上顺风顺水的领导，一般都很善于在感情上下功夫，对下属动之以情、晓之以理。如果领导在劝说别人时，讲明利害关系，使对方感到领导的劝告并不是为个人私利，而是为他的切身利益着想，他自然会容易顺从。

如果想达到这个效果，做领导的当然要避免命令、训斥的口吻。当你放下架子，以平易近人的态度对待下属时，下属也会感觉到你的尊重，更容易向你敞开心扉。对下属的尊重，除说话本身的内容外，还会通过语气、表情、动作等体现出来。不要以为你的某些关心的言语、动作是多余的，也许正是因为这点温情，下属才来亲近你，衷心地效忠你。

动之以情，就必须避免紧张情绪，所以不能板着脸、皱着眉。可以适当点缀些俏皮话、笑话，让下属放松下来，营造出融洽的谈话气氛。

将心比心，以理智的言行对待下属，没有几个下属能顽固不化到一直不努力工作。如果做领导的能够克制自己的坏脾气，一定会看到意想不到的效果。

想要让谈话变得融洽，除了语言要轻松外，还应该事先了解下属的基本情况，如脾气、经历、文化水平等。在谈话过程中，可以问问他生活上的一些事情，以消除他的防御心理。

对待与你荣辱与共的直接下属，你不应当仅仅看到他的工作成绩，还应当关心他们内心的烦恼。如果一向工作认真的下属最近表现不佳，你可以把他找来，问他："最近有什么事吗，有什么我可以帮你的吗？"要让他感觉到你的关心，他才会把不顺心的事说出来，尽快调整自己的情绪。

（五）给予赞赏

心理学家杰斯莱尔说："赞扬就像温暖人们心灵的阳光，我们的成长离不开它，但是绝大多数人都太轻易地对别人吹去寒风似的批评意见，而不愿意给同伴一点阳光般温暖的赞扬。"这句话用在职场上，可以提醒各位领导，赞扬可以让人心变得温暖，要想让员工尽心竭力为单位服务，就要先温暖他们的心灵，当他们的心温暖了，自然会全心全意地为付出温暖的人服务。赞扬的话会令人振奋，美国作家马克·吐温甚至说："一句好的赞词能使我不吃不喝活上两个月。"

恰到好处的赞扬是需要技巧的。首先，夸奖要及时，当看到下属某一项工作做得很好时，要及时表态，这样下属才会更有动力；其次，赞扬要诚恳，不要公式化、大众化，这样会显得没有诚意，不但不会感动他人，还会令人生疑。

称赞是让人感到自己价值的最快捷、最可靠的方法。赞赏别人，可以用在很多场合，同时，也是百试不爽的治疗各种工作病的灵丹妙药。当下属借各种原因拒绝接受某项任务时，作为领导，如果想说服他接受这项工作，可以这样说："我知道你现在很忙，抽不开身，但这件事，除了你没人能胜任，我想来想去，还是觉得你才是最佳人选。"这样的赞赏之词，是难以拒绝的。

（六）挽留下属的技巧

优秀的员工是单位发展的有力资本，优秀员工的跳槽对单位而言是一种极大的损失。"千金易得，一将难求"，当优秀的员工要辞职时，领导应该尽力挽留。

首先，应该倾听下属心声。

平心静气地坐下来，和下属好好聊一聊，听听他的想法，找出他辞职的原因。当你不能劝服他收回辞呈时，要将他的话转达给上级，不管他对单位有多大的意见，措辞有多么激烈。此外，还要了解下属的去向，以及新单位的环境和待遇，以便对自己的工作做出调整。

如果了解了下属的想法，而且可以挽回，那么就应该立即对症下药。

其次，解决下属的困难。

员工辞职无外乎两个原因：一个是对本单位不满，另一个是觉得其他单位更优秀。因此，应该根据员工的实际情况，提出切实的解决意见。解决方案做好后，要及时找他谈话，问他"对单位还有什么要求"，或者告诉他"我们很看重你，可以给你比其他单位更好的条件"。

员工看到领导对他的重视，往往会意识到，留在已经熟门熟路的原单位，会比去一个新的环境重新开始好得多。

然后，把员工要去的新单位比下去。

有时候，员工想要跳槽的单位并没有他们想象中好，只是被那个单位的承诺所吸引。这种情况下，领导应该耐心地向员工讲述本单位的实力，并拿出具体的数据来做对比，让员工心里有一个准确的评判。当员工被劝服后，就要当机立断地让员工立即通知那个单位，以断绝他的念头。

最后，通过夸奖激发干劲。

作为领导，除了用高薪和奖金来调动下属的积极性外，还有一个有效且省事的办法，就是真诚的表扬。每个人的内心都渴望得到肯定和表扬。身为领导者，适时地给予下属鼓励慰勉，可以引导他们更加卖力地工作，也能起到收服和稳定下属的作用。

二、批评有方法

哪怕再优秀的员工都有犯错的时候，这时，也是领导们最头痛的时候。因为话说重了，员工恐怕一时无法接受；话说浅了，又起不到使之改正的作用。怎样才能让自己的批评既达到警醒的作用，又使对方坦然接受呢？

（一）增值批评

在工作中，因为一时疏忽、大意或者经验不足等原因造成的错误最为常见，遇到这种情况时，与其对他大声训斥，让他摸不着头脑，不如和他一起分析这件事情错在哪里，为什么错。这样，才会在最短的时间内解决问题，并切实提高员工的能力。

做下属的，最讨厌那种整天训人但是又没有主见的领导。做领导的，不但要善于指出下属的错误，而且要向下属提出更有效、更高明的解决办法，这样下属一定会更信服，也会更积极地改正错误。这就是所谓的"增值批评"，这种批评具有培训效果，员工们大都乐于接受。

如果想让自己的每一次批评都是"增值批评"，就必须不断学习，让自己在业务上出类拔萃。如果你的水平还没有下属高，你的批评自然不能服众。

（二）区别对待不同类型的下属

每个人性格不同，经历不同，在受到领导批评时的反应也不同。作为领导，只有掌握了下属的性格，才能达到批评的最佳效果。

对耿直者开门见山。

这种人心理承受能力比较强，不会揪着一件事耿耿于怀。当你直截了当地指出他的错误时，他不会觉得丢脸，反而会认为这种方式对他帮助很大，可以让他尽快改正错误。

对敏感者适度提醒。

这种人容易猜疑，情绪不易排解，如果过于直接地批评他，他可能会误以为领导对他有了很深的成见，于是背负很大的心理压力。批评这种人，可以用弦外之音来提醒。如果直接批评，态度一定要谦和、婉转，比如："这件事，你做得不够好，不过你还年轻，没什么经验，能做成这样已经不错了，希望你以后能做得更好。"

对严重犯错者公开批评。

批评的轻重要因事而异。小过错可以在私底下轻描淡写地带过，但对于原则性的错误，或者态度不好，或者比较顽固的人，必须公开批评，以儆效尤。

如果是因为投机取巧而犯错，就要考虑此人是否继续留用，或者给他一个比较重的惩罚，否则无法达到警示作用。

对于屡教不改的下属，和颜悦色并不能解决问题，及时而严厉的批评才会让他有所改正。你可以先这样对下属说："为什么又犯错？你明明有能力，还犯这种错误，真是太不应该了！希望你以后好好改正。"如果下属言语中并没有要悔改的意思，你应该当场给出底线："如果你下次还这样，就要重罚！"或者，"如果再犯这样的错误，立即开除！"

如果采取当面批评的训诫方法，一定要做到公平公正、实事求是、黑白分明，以便起到规范全部员工的作用。

对骄傲自大者参照批评。

参照批评就是借别人的事例来对比，引出批评。适用对象是那些没有能力且骄傲自大的人。

小王工作多年，自认为经验丰富，总是目中无人，喜欢对别人的工作说三道四。于是，部门经理把他叫到办公室，把他这一个季度的业绩和单位的新人小于拿出来作比较，让小王自己说说差别在哪儿。

看到白纸黑字的业绩报表，小王目瞪口呆。然后，他开始主动向经理反思自己的错误，并保证不会再目中无人，一定会努力工作。

对性格内向者采用问答式批评。

以问答的方式循序渐进地展开批评，适用于性格内向且较有思想的人。这种人并不是不聪明，只是性格过于内向，当你挑明了批评他时，他也许难以接受。你可以一步步地向他提问，在问答过程当中，让他自己意识到错误。

总之，批评下属时，最忌讳动辄使用粗暴的言语，没有谁会在听到恶言恶语后，还能心平气和地说话。如果想避免这种情况发生，就要尽量采用含蓄、委婉的方式来批评下属。

（三）化批评为鼓励

不要说"你怎么能这么做，事情不是这么做的！"或者"你做得真糟糕，下次要注意！"之类的话。可以试着转换语气，说几句"你辛苦了""我知道你已经很努力了""这事确实有一定难度"之类的话，再与下属一起分析失败的原因，这样下属才会尽快改正错误，而不至于跟你唱反调或者感到委屈。

俗话说：尺有所短，寸有所长。一个人犯了错误，并不等于他一无是处，领导在批评下属时，如果一味强调他的错误而不提他曾做过的贡献，他会感到心理不平衡，认为以前"白干了"，从而产生抗拒心理；如果领导只说他的缺点，而不提他的优点，他也会感到心理不平衡，会觉得自己无法得到认可，失去了发展的空间。所以，领导在批评下属的时候，一定要尽量维护下属的面子，不要说"怎么别人都能你不能""你做得真差"这样的话，而是适当给对方鼓励，对他说"我相信你下次一定会做好"这类的话，让他看到希望，拥有动力。

很多人并不具备良好的心理素质。当你正面指责他时，他会萎靡不振，工作当然就无法做好。这种时候，与其直接责备，不如采取称赞他人的方式来刺激他。例如，张三做起事来慢慢腾腾，需要你不断催促，而一旦你对他稍加责备，他就更加失去斗志，没了精神。此时，不妨叫来另一名效率高的员工李四，并当着张三的面赞扬李四："你总能准时完成任务，真的很棒！"一般而言，张三一定会在心里想一想，自己为什么不能做得像别人一样好？这样，不用你提醒，他也会自己慢慢调整。假如这种方式对他仍然无效，那么就应该考虑此人是否适合现在的岗位。

有时候，下属犯了错，领导还没开口，下属已经自责不已了。面对这样的下属，领导还要给予适度的安慰和鼓励。

小林是销售代表，一次，他代表单位去和客户谈判。谈判桌上，双方各不相让。由于过度紧张，小林把己方的底价说了出来，使单位在谈判中陷入被动。事后，小林十分后悔，痛苦不堪，甚至打算辞职谢罪。

销售经理把他叫到办公室，语重心长地说："你的心情我理解，你确实给公司造成了一定损失，但没关系，毕竟这个项目还是赢利的。你一向是个聪明、勤奋的人，我相信你以后一定会做得更好。"一席话让小林十分感动，在以后的工作中，他更加兢兢业业，为单位带来了不小的收益。

下属犯错并不可怕，但如果领导在下属犯错后，不能给予良好的引导，就成了一件很麻烦的事情。人无完人，没有谁会像设定好的程序一样，不犯一点错。当领导意识到下属犯错是一种必然时，就要积极储备有效的应对措施。着急和愤怒不能解决问题，找到方法才是解决错误的根本途径。

某些领导听到下属犯错的消息时，总是克制不住气愤的心理，把下属叫来，劈头盖脸一顿臭骂。这样做的结果，往往是领导的气出了，该办的事却还是没办好。实际上，训斥并不是最好的办法，把原本满是怒容的脸换得更平和一点，下属才更愿意为你去办事。

林大利是某家电公司的销售经理，某天早晨刚到办公室，就接到一通投诉电话。投诉的客户称，业务员小孙在向客户推荐保修商店时，未推荐公司指定的商店，而是私自找了一家名气不大的商店。当听到这些时，林大利大为恼火，因为小孙的行为已经明显触犯了公司规定。

极其愤怒的林大利，本想马上把小孙叫过来训斥一顿，但最后还是抑制住了自己的情绪。冷静片刻后，他先是叫人把小孙处理的业务调查了一下，然后把小孙叫到自己的办公室。

小孙过来后，林大利开门见山地将已经发生的事情客观地描述了一遍，最后说，他只想弄清楚小孙这样做的原因，暂时还没考虑追究他的责任。

林大利不知道，小孙在来办公室前，一直犹豫要不要说实话。现在他看到经理如此心平气和，就放下心，坦诚地与林大利交流起来。

原来，小孙觉得公司推荐的商店修理产品时间太慢，可是又不好意思直接指出公司的不是，所以才没按公司要求办理。在这件事上，小孙并没有私心，他以前不敢说，是怕经理不能接受自己对公司不满的看法。林大利的态度让小孙觉得领导的目的不是批评，而是解决问题，所以就知无不言，言无不尽了。

交谈很融洽。最后，林大利决定，以后公司产品的保修就指派给小孙介绍的那家商店，关于与新商店的合作，由小孙全权负责。在办理这件事时，小孙比以往任何时候都卖力。

（四）不当面戳破

一般情况下，下属不会犯什么严重的错误，只是迟到、早退、马虎这类小毛病。但如果这些小毛病始终得不到改正，也会让领导非常头疼。此类错误不可放任，以免扩大，但交流时也不能剑拔弩张，最好能以柔和委婉的方式解决。

车间主任老王走进车间，看见几个工人在角落里边聊天边吸烟，而车间墙上正好挂着一个醒目的牌子，上写"禁止吸烟"四个大字。老王没有像一般领导那样，指着牌子质问工人："你们不识字吗？"他平静地走到那些工人面前，掏出自己的香烟给每个工人递了一支，然后说："如果你们能到车间外面吸烟，这屋子里可就安全多了。"工人们自然明白他们违反了规定，他们很高兴主任没有责骂他们。

如果你的下属迟到了，你不好当面质问他原因，那么你可以在他来上班时，向他打个招呼，让他明白你已经知道他迟到了。你的大度，会让他觉得更加愧疚，下次就不好意思再迟到了。

林总在C城开了很多家店铺，每天都要到各个店铺去转转。有一天，他走到其中一家，看见一个顾客在柜台前等着买东西，售货员们却聚在另一边谈笑，不但没注意到顾客，也没看见林总站在旁边。此时，林总没吭一声，自己迅速走到柜台后面，给顾客拿了想买的商品，再叫售货员过来把东西包好。他的这种做法让售货员们羞愧满面。

大多数职员，会遵循基本的职业道德，会对老板的委婉批评很重视。有的时候，老板也可以用提问的方式直接提醒。如果下属的某项工作让你感到不太满意，你不妨用提问的方式提醒对方，让他明白自己的工作并不是很好。你可以这样问他："工作中是不是有什么困难？你觉得自己还能做得更好吗？"或者说："我很意外，你完成的工作不是很优秀，需要我帮助吗？"如果下属对自己的要求比较严格，你的话足以使他警醒。尽量不要让他觉得你是在谴责，要让他明白，虽然他做得不够好，但你对他有信心。这样他会更自觉地改正。

直截了当地点名批评，容易引起争端，不利于事情的解决。在很多情况下，模糊式批评，可以起到警示作用，效果很好。

某单位整顿风气，召开劳动纪律大会，会上领导说："最近一段时间，我们单位的纪律总体来说还是不错的，但也有个别同志表现不是很好，有的迟到早退，有的上班聊天……"

这里，领导就用了不少模糊的语言："最近一段时间""总体来说""个别""有的"等。这样，既照顾了员工面子，又指出了问题，表面上它没有指名，实际上又是指名，并且说话内容具有某种弹性。这比直接点名批评效果更好。

（五）通过提问批评

谁都不可能总是一味地赞美别人，有时必须明确批评，才能达到"惩前毖后，治病救人"的效果，特别是上司和下属之间、老师和学生之间。但即使是这种明确的批评，也要注意方式，而提问的方式，既能达到批评的目的，又不至于太激烈。

1989 年年底，在哥伦比亚大学物理楼，李政道博士为 120 多名中国留学生做学术报告，可是有几个坐在后排的学生一直在窃窃私语，不认真听讲。李政道非常生气，他发出了一连串的质问：

"请各位听着，你们有这个机会，但如果不认真听讲的话，还是没有前途的，你们要自重。你们考上中国和美国联合招考的物理学研究生算得了什么？考了第一名又算得了什么？难道中国青年就是这样的吗？你们谁学到了东西？请举手。你们对得起自己吗？你们必须努力。两百年来中国人是受压迫的，华夏儿女是要抬头的。你们是精英，应该懂得这些道理。"

李政道对留学生的批评，连用了六个诘问，很容易引发学生们的思考。

用提问的方式进行批评，在其他场合也适用，尤其适用于擅长思考、各方面比较成熟的人，他们对于自己的过失往往能够自我醒悟。

（六）幽默式批评

幽默式批评是一种将批评升华到艺术高度的批评方式，通常会使用到一些富含人生哲理的故事、形象生动的比喻、一语双关的话语等。幽默式批评能够缓解被批评者的紧张情绪，启发他在较为轻松的气氛下反思自己的错误，并力求改正。幽默式批评能促进双方的沟通，而且令人印象深刻。

法国文学家伏尔泰有一位非常懒惰的仆人。一天，伏尔泰要出门，请仆人将自己的鞋子递过来。仆人将鞋子递过去之后，伏尔泰立刻发现鞋子上布满泥污。伏尔泰不解地问："你怎么不把它擦干净呢？"仆人从容地回答："用不着，先生。路上那么泥泞，两小时以后，您的鞋子又要和现在一样脏了。"

伏尔泰没讲话，只是微笑着走出门去。仆人见状，赶紧追上说："先生，您等一下！钥匙呢，食橱上的钥匙？我还要吃午饭呢！"伏尔泰立刻用同样的口气说："还吃什么午饭呀，反正两小时以后你将和现在一样饿嘛。"

幽默式批评更容易被接受，不会造成气氛的尴尬，它所带来的效果要比生硬的批评强得多。生硬的批评往往会让对方在一瞬间产生强烈的逆反心理，虽然在很多时候，他们会看上去很平静地接受批评。

（七）三明治式批评

三明治式批评，在现代企业中非常流行。上司批评下属的时候，总是会先找出对方的优点赞美一番，然后提出批评，批评结束后，再次对员工的优点加以补充，力求使谈话在愉快、友好的气氛中结束。因为这种说话方式是两头赞扬，中间夹有批评，很像三明治，所以被称为三明治式批评。

大多数情况下，员工犯了错误，领导不宜生硬地开始批评。可以先对他进行一番肯定，比如说："我认为你的想法很好，很有前瞻性，但是我们不妨这样想一下……"这样表达的好处在于先肯定对方的优点，营造良好的沟通气氛，使对方对你的提议和批评不会产生抵触情绪。

每个人都有自己的长处，也许是拥有良好的品德，也许是在某一行业的经验很丰富。但无论有多少长处，失误都是在所难免的。所以在很多情况下，我们要把善待和赞扬作为先发的武器，然后才是诚恳的批评。批评也是对事不对人，不能带有具有侮辱性和攻击性的语言，既切中要害，又无损和气。所谓"知人者智"，就是洞悉人性的一种境界吧。

如果你是一位领导者，更需要这种"智"。当然，有些领导者会认为，先表扬再批评无异于大棒加甜枣，是打一拳加哄一哄的老套作法，并带有操纵他人的意味。这种担忧不无道理，因为当你开始表扬一个人的时候，如果对方头脑清醒，他很可能会想另一棒子什么时候落下来。

所以，在更多的时候，领导者更愿意把表扬放在批评之后，比如："小王，我想你会认清这一点，否则后果会很严重，我相信你能做到，因为你是个聪明的小伙子！"你可以体会到小王听到这些话后的感受，他会把这次批评作为今后进步的力量，而不是一次突然的打击。

在批评的时候，把你的尊重适当地进行表达，也是需要注意的细节，比如说一些认同对方工作的话。否则，对方会因为人格得不到足够的尊重而心生不平。

"三明治"代表着一种组合，不论是先扬后抑还是先抑后扬，组合的效果总比简单批评要好，方式方法对了路，再加上一些真诚，那这个"三明治"就更加美味怡人了。

1896年，威廉·麦金莱在竞选总统期间，一位共和党的重要人士为他写了一篇竞选演说。此人自以为写得非常棒，于是在威廉·麦金莱面前大声朗读，语调铿锵，声情并茂。威廉·麦金莱细心地听了一遍，发现其中一些话语和观点很不妥当，很有可能遭来反对党的攻击。显而易见，这篇演讲稿根本就不能采用。

威廉·麦金莱并没有当面指出这一点。他说："亲爱的朋友，这真是一篇精彩的演讲稿！我听完之后非常兴奋。这篇演讲稿在很多场合来说，都是完全正确的。不过我有点担心，目前这种场合是否适用呢？我不得不以党派的观点来考虑它所带来的影响。请你根据我的提示再写一篇演讲稿如何？"那位重要人士听到这样一番话之后，立即照办。后来，此人在竞选活动中成了一名出色的演说家。

从这个例子不难看出，用这种方法来处理问题，不会使被批评者处于尴尬的境地，它能有效地维护被批评者的自尊心。被批评者或许只是在一件事情上没有做好，而他的其他方面也许很值得肯定。如果批评者对于这些值得肯定的地方采取漠然的态度，被批评者一定会产生抱怨，认为自己的努力没有得到起码的承认，从而对工作失去热情。如果批评者愿意先肯定对方，那么这样的问题就会避免。

（八）批评人先批评自己

自我批评，是一种提高自身修养的有效方式，如果当着别人的面说出来，效果往往更好，既能取得别人的监督和帮助，又能够得到别人的谅解，并且最终赢得信任。有些人认为自我批评有失尊严，面子上过不去。事实上，勇于自我批评不但不会使你给人的印象打折，反而会使人更加尊敬你、信任你。

如果批评者在批评别人时，能够先指出自己的不足，那么被批评者就能更容易地接受批评。比如说，你作为领导，准备把一项非常困难的工作交给某个下属去做，你估计对方很难接受，可能引起抱怨，但此事暂时又没有别的选择，那么这种时候，你不妨在跟他讲明任务之前，先自责一句："这事安排得有些突然，是我的失误。我实在没时间，才交给你做，这事也只有你能胜任。"对方听了以后，一般都会不好意思拒绝。

德国最后一个皇帝威廉二世在位期间，发生了一件震惊世界的事情。威廉二世在英国发表了一个荒谬的声明，大致内容是，他是唯一同英国友好的德国人，要建立舰队抵御日本人的进攻，拯救英国使其免受俄国和法国的欺凌等。同时德皇同意在《每日电讯报》上发表。

声明一发表，就引起轩然大波。人们从来没听到过和平时期一个欧洲帝王讲过类似的话。整个大陆都愤怒地声讨这个声明，这可把德皇吓坏了。于是他要求毕洛夫公爵为他承担罪过，他想让公爵对外宣布，是他建议皇帝这么说的。

毕洛夫抗议说："陛下，我不能想象，在德国和英国有谁会相信这些话是我建议您说的。"

毕洛夫说完这句话，立刻明白自己犯了多大的错误。皇帝暴怒道："你以为我是头驴才会犯错，而你永远也不会犯这样的错误是吗？"

毕洛夫明白了，他在谴责皇帝之前，应该先夸赞一番。但是这时已经来不及了。于是他采用了另外一个办法。在皇帝批评他以后，他开始称颂皇帝："我根本达不到陛下的水平。陛下不论是在军事上、航海事业上还是在自然科学方面都高我一筹。每当您谈到风雨表、电话或者 X 射线的时候，我都会洗耳恭听，赞叹不已，在这些问题上我都是外行，没有一点儿化学和物理知识。不过，我有一点儿历史知识，也许在政治上，尤其是外交上还有些用处。"

毕洛夫抬高皇帝、贬低自己的做法效果很好。皇帝消气了，说："我不是总跟你说吗，我们总是互相配合得很好，我们今后应该互相支持。"

尽管毕洛夫很机智，但还是犯了错误，不过他的补救工作很不错，及时挽回了皇帝的面子。

（九）如果批评过头怎么办

领导和下属产生矛盾是难免的事，只不过，如果为此争得面红耳赤，对工作是有损无益的。作为领导，如果批评下属过了头，就应该及时而主动地寻求化解，以免影响工作。

松下幸之助被日本人称为"经营之神"，他的很多事迹被人们津津乐道。日本三洋电机总经理后藤曾经在松下幸之助手下工作过，他讲过这样一个故事。

一天，松下对后藤的一个小过失大发雷霆，讲到生气处，甚至用搅火棒狠狠地敲了几下地板。后藤感到十分气愤，转身想走。此时，松下却对他说："很抱歉，我太生气了，所以把搅火棒打弯了，请你帮我弄直吧。"

后藤很不情愿，但还是乖乖地用铁锤把搅火棒敲直了。没想到，每敲一下，他心中的怒火便平息一点点。他甚至还想：老板说得对，我应该把我的过失也逐一改掉。等他将搅火棒敲直以后，松下展开笑容说："你的手真巧，做得比原来的都好。"

后藤之所以能够平静下来，是因为他的怨气一点点发泄出来了。怨气发泄完了，心情也就平静了。

刚开始，后藤看到松下发怒时，心理不自觉地进入了防御状态，整个心态都处于不安和愤怒中。松下要消除后藤的不安和怨气，所以才会让事情以这样的方式解决。他在解决矛盾时，提前预想到了可能的结果，做到了有备无患。

三、下属指出你的错误怎么办

金无足赤，人无完人，领导也难免有犯错的时候。如果下属指出你的错误，你该以怎样的态度去面对？你的态度会体现你的职业修养和个人素质，要想在下属面前保持威信，不妨尝试下面的方法。

（一）勇于承认错误

一个年轻人去离家很远的地方游玩，经过长途跋涉后，终于到达一个小镇。他觉得很渴，于是到一个小贩跟前："我要这篮水果，看起来很好吃，我从没见过。"

小贩没说话，收下他的钱，把那篮东西递给他。年轻人很高兴，他觉得自己用很少的钱就买到这么多水果，真是太划算了。

他在路边坐下，开始吃水果。才咬了一口，嘴巴就像吞下火球一般，喉咙热辣辣的，鼻涕眼泪沿着面颊流下来，脸颊也涨得通红，几乎不能呼吸。

但年轻人继续把篮子里的水果往嘴里塞。一个村民走过来，吃惊地问他："先生，你在做什么？"

"我以为这种水果很好吃，"他喘着气说，"所以我买了很多。"

"这是墨西哥红辣椒，"村民说，"这样吃会生病。"

"的确很辣，"年轻人一边说，一边把辣椒塞进嘴里，"可是我不能停，必须全部吃完才行。"

"你是傻瓜吗，知道是辣椒了，为什么还吃个不停？"村民不解地问。

"我吃的不是辣椒，"年轻人回答，"是我的钱。"

在现实生活中，很多人明知自己犯了错，却不愿意停下来，就像故事中那个年轻人：即使嘴巴灼热，如火焚烧，仍然不断把辣椒吃下肚去。这样做，要么是出于面子，不希望别人知道自己犯错；要么是不愿否定自己的付出，也就是年轻人所说，吃的不是辣椒，而是钱。

坚持错误，只会带来一个结果，就是更大的错误和伤害。只有承认错误，早早掉头，才能把损失降低到最小。

喜欢听表扬，不喜欢听批评，这是人之常情。面对赞美，我们会笑得合不拢嘴，内心充满欢愉，而一旦被当面批评，可就是千姿百态了。一个人的风度，并不体现在身处顺境之时，而是体现在身处逆境、面对指责的时候。

（二）不确定自己是否有错时要询问清楚

下属指出上司的错误，很少是因为不尊重，而是想更快地解决问题。如果不是迫不得已，下属不会指出上司的错误，因为这一举动是有风险的。

面对下属的批评，上司没有必要强调自己就是对的。如果不想让这种"工作矛盾"转化为"人际矛盾"，弄到不可调和的地步，最正确的方法就是：当下属指出自己的错误时，认真地倾听，即便你并不觉得自己做错了，也应该听下属讲完他的意见。

有的下属在指出领导的错误时，零零散散说了很多，却始终没让对方弄明白他到底在说什么。这个时候，作为领导的你，就应该让他讲明批评的理由，最好能说清具体的事件，甚至细节。这样不仅可以使你更加清楚自己在哪些方面做得不够，还可以让无中生有的下属知难而退。

（三）不要轻易怀疑下属的动机

有些领导在听到下属的指责时，会忍不住揣测下属的动机，认为下属是故意不配合自己的工作。这个想法是没有必要的。如果对方有理有据，那么他的批评就是正确的，这种情况下，即使他是故意找碴儿，你也应该承认自己的错误。

如果下属真诚地与你交流，希望帮你改正错误，你却怀疑他的动机，一旦他感受到对他的怀疑，他会觉得你这个领导不值得信任和依附，以后就难以心甘情愿地听命于你。

不要无视下属的看法，也许正因为他们的大胆直言，你才能在事情搞砸之前力挽狂澜或是悬崖勒马。所有事情都有两面性，下属指出你的错误，不见得是坏事。

四、怎么下命令

领导的基本工作之一，就是下命令。不管是间接传达的命令，还是直接口述下达的命令，"有令必行"是下属工作的基本原则。下命令是需要技巧的，如果命令下不好，就算下属想要认真执行，也会遇到种种麻烦。当一个命令的意图不能为下属所准确理解时，命令执行起来就会大打折扣，导致工作很难按照预定的方向发展。

（一）指令要简单、清晰、合理

这是一个看似简单，实际上很容易忽视的问题。在实际工作中，有的领导下达命令时，没有重点也没有清晰的目标，在七七八八说一大堆后，就让下属去做相关工作。殊不知，下属从始至终听得都是一头雾水，哪知道该朝哪个方向去办事？

作为领导，必须抓住问题的要点，尽量简单地向下属讲明，他到底要做哪些具体工作，要达到什么样的目的。如果不能让下属听清楚这两点，他会觉得这个命令没有意义，会对领导的能力产生怀疑，甚至对领导本人产生反感。

领导必须做到：让下属对命令没有任何疑问。发布命令之前，先把要说的话反复在脑海里过几遍，你自己要对所说的话了解透彻，才能保证别人能听明白。

需要注意的是：你下达的命令，应该与接受命令者的思想观念、做事方法相契合，保证这个命令能够被心甘情愿地接受。命令的落实，毕竟需要下属具体执行，所以，只是你自己认为命令合理是不够的，还要看下属是否发自内心地认同。当下属对你的命令不能完全信服时，执行起来的效果往往不会太好。

没有谁是天生的领导，当你下达命令时，想一想，换作自己，愿意接受这样的命令吗？如果你对自己下达的命令没有任何疑问，那么下属也会这样。不要把连自己都难以办到的任务交给下属，否则你的命令很可能会夭折在执行过程中。

在下命令时，要做一个在表达和执行上都不复杂的计划，言简意赅，切实可行。以便下属牢牢抓住任务的根本目的，更灵活地落实任务。

（二）要记住自己所下的命令

作为领导，每天都有很多事情要忙，下达的命令一多，忘记一两件是很有可能的。一旦这种情况发生，执行命令的人就会产生一种被轻视的感觉。为了避免此类失误，领导在下达命令时，应该顺便把自己下达的命令记下来，写明下达的对象、命令的内容、完成的标准及反馈时间等，这样也便于随时监督下属的工作。

（三）用建议的方式下达命令

有些领导为了让下属服从命令，总是摆出一副冷冰冰、不苟言笑的模样，认为只有这样才能对员工产生威慑力。其实，想要下属绝对服从命令，不一定非得摆起脸大声吆喝才能做到。

宽松的工作氛围，往往是工作效率高的原因。如果领导在下达命令时，多注意自己说话的方式，会收到更好的效果。

在某纺织厂的车间，生产部主管王某来查看情况，车间因为生产任务繁重而没有注意清洁问题，略显脏乱。这让他非常不满意，于是他把车间主任叫到跟前，大声命令道："你看看你们车间，又脏又乱，赶紧收拾一下！"车间主任回答："生产任务这么紧，哪有工夫收拾这些！"王某想想也是，不好再说什么，就离开了。

当天下午，生产部经理赵某来到这个车间，也发现车间内很脏乱。于是，他来到车间主任的办公室，问："最近很忙吧？"车间主任赶忙回答说，主要任务已经完成，接下来已经没有那么紧张了。接下来，赵某说："我在车间转了一圈，好像有点儿乱啊，能不能抽时间整理一下？"车间主任笑道："我也注意到了，这样吧，我马上安排几个人，立即就去……"不一会儿，车间就焕然一新了。

王某和赵某下达的命令相同，但是采取了不同的说话方式，结果大相径庭。俗语说：话有三说，巧说为妙！作为领导，不妨多学学赵某，通过提建议的方式来下达命令，让下属无法拒绝，心甘情愿地服从。

（四）不要超越自己的权限

如果在下达命令时逾越了权限，就会给单位的整个管理造成混乱，甚至会出现部门与部门之间、下属和上级之间的矛盾。要想不超越自己的权限，可以从以下两方面注意：

第一，不要对别人的下属下命令。每个员工都有自己的直接上级，如果你不是他的直接上级，就不要给他下命令。如果你确实需要别的部门的员工做一些工作，可以去和那个员工的上级沟通，通过那位直接上级来下命令。

第二，不要对本职权以外的事情下命令。每个部门都有自己的职责范围，你不能命令自己的下属去做其他部门职责中的事情。

（五）请给我结果：不必事事干预

当命令下达后，就不要再横加干涉，否则会让下属束手束脚，无所适从。干涉的次数越多，下属就越会感到寸步难行，以至于耽误工作进度。领导应该给予下属充分的信任，你对他的信任等于给了他一个平台、一种机会，他一定会积极主动地摸索，努力去完成，在这个过程中，他会发挥他的聪明才智，这对于他自己和单位都意味着成长。

五、怎样向下属通报坏消息

作为上级，面对长期共事的下属，总是有一些事情难以开口，尤其是解雇、降职、拒绝要求、严厉批评等情况。

（一）要尽快，要委婉

要尽快让员工知道坏消息，并且一定要让他们比外人先知道。有些难说的话不说是不行的，与其拖拉，不如快刀斩乱麻。重要的是，语气要委婉、诚恳，尽量减轻对下属的打击。

一位上市公司的老总，在回忆起让他印象深刻的人时，首先想到的就是当年解雇他的那个老板。那天，老板把他叫到办公室，神态沉重地对他说："小张，你很能干，要是没有你，真不知道我们公司以后会怎么样。可是，公司现在状况不好，已经不能给你提供最好的机会了，从下星期起，我不得不让你试着离开公司。"虽然他被解雇了,但是他仍然感激那位老板对他的呵护。

解雇员工、人事调动、拒绝员工的要求,都是避免不了的事情。这种时候,千万不要难以启齿,耽误了最佳通知时间。在第一时间告诉他们,并给予安抚,才会将伤害降到最小。

无论是向下属通报哪种坏消息,都不要用伤感情的字眼。下级被降职,被解雇,计划书被驳回等消息,本来就让他们很难过了,如果上级再用词不当,甚至恶意嘲讽,就更是火上浇油,只会让双方关系变得一发不可收拾。

(二)坦率告知真实原因

首先不要隐瞒,要坦诚地向员工说明情况,如果刻意隐瞒真实原因,或者敷衍推脱,会让下属心里留下疙瘩,这是最不明智、最不可取的做法。比如,你已经答应给下属升职,但是最后又没有做到,这时一定要主动把真实原因告诉下属,千万不要等到下属询问原因时推脱道:"不关我的事,这是老板的决定,我也没办法!"撒谎就需圆谎,而圆谎的难度是非常大的,你需要继续追加其他的谎言,直到最后无法维持谎言。一旦下属明白你是在推卸责任,你在大家心中的威信就会降低;而一旦领导知道了真相,就更难办。不幸的是,你的领导肯定会了解真相,就像你可以很容易了解下属的真相一样。

正确的方法应情理兼顾,善意地说服。虽然谁都不愿意听到坏消息,但如果他们知道单位也是迫不得已,是会理解的。

（三）做出可信的承诺

如果你答应下属某件事，但因为一时疏忽而忘记，那么你一定要坦诚地告诉下属，并给他一个合理的解释，有必要的话，可以给他一个新的承诺。一定要避免做出无法兑现的承诺。如果你不能百分之百地肯定，单位会在某天给他奖励，就不要做出这样的提示或者预测。只要所期望的结果有任何无法实现的可能，就不要向员工保证他们会看到这样的结果。

比如，你答应下属抽时间看他的计划书，但是过了很长时间，当下属再问你时，你仍然没有看，这时你应该对他解释："这段时间我太忙，实在抽不出时间看，不过一周之内一定给你一个满意的答复！"如果你能在约定时间之前主动答复，下属一定会很受鼓舞。

六、如何应对不合理要求和抱怨

作为领导者，关心下属是"亲民"的表现，应该提倡；但是要有原则，如果过分"亲民"，容易让个别下属看不清自己的分量，弄错自己的位置。如果他们提出一些不合理的要求，该怎么办呢？

（一）无法批准请假或加薪时

如果单位事务繁忙，这个时候下属提出请假，你应该让他先以大局为重，多为单位考虑，可以这么对他说："非常抱歉，不能准假。你也知道，这个月必须把活赶完，缺一个人都不行。"

如果某个下属请假次数太多，再次请假，那么你应该很严肃地告诉他，单位有明文规定，凡事以规定为准。

有些老员工，工作时间长了，自然会要求加薪。可是，单位又不能满足他们的要求。这种情况，应该如实相告，说清楚不能加薪的原因。一般说来，会有两种可能的原因：一个是此人虽然工作时间长，但能力并不高，而报酬是要与成绩挂钩的；另一种原因，是单位没有能力提高他的待遇，需要他暂时降低要求，一起努力使单位做大做强。如果一个老员工不能适当体谅单位的难处，那么这样的员工，即使因为薪金而辞职，也并不遗憾。

（二）如果下属要求通融

许多已经成家的工作人员，可能会为了照顾子女而向单位提出改变上下班时间的要求。这是最让领导犯难的，因为下属毕竟有实际困难，不好断然拒绝，但规定也不能因为个别人而改变。这时，如果不影响大局，可以考虑跟下属协商一下，准许下属在经你同意的情况下，偶尔迟到或早走一会儿，但是不能让下属自行决定上下班时间，也不能让迟到早退规律化、合法化，否则会在其他下属当中造成混乱，整个制度都会受到影响。

事实上，每个人都有自己的难处，无论是员工还是老板。社会规则告诉我们，每个人都必须承担自己应该承担的责任，不应用自己的难处向他人提出要求。否则，他人也可以用自己的难处向你提出要求，最后的结果就是每个人都以自己为中心要求别人，规则不复存在，一片混乱。

作为领导，要保证制度的刚性，不能轻易变动。面对不合理的要求，不能轻易退让。

（三）如果下属满腹怨言

当得知下属有抱怨情绪时，领导应该立即着手了解他们因何而抱怨。如果抱怨的是薪金方面的问题，要弄清楚是因为薪金过低而抱怨，还是因为薪金分配不均而抱怨。

最好能够找一个员工，让他把抱怨清晰地表达出来。作为领导，要耐心地倾听，不要表现出不满或愤怒，不要随便批评人，也不急于下断语。在全部听完之后，再考虑他说得是不是有道理。

在发表自己的看法之前，一定要冷静地想一想。然后应当做出正面、清晰的回复，不可拐弯抹角、含糊其词。如果避重就轻，顾左右而言他，会让下属本已牢骚满腹的内心更加烦躁不安。要知道，在利益面前，所有人都是清醒的，所有"虚晃一枪"式的做法，都是无效的，而且有可能使私下的抱怨变成台面上的冲突。

处理员工的抱怨，最好能制订一套完整、实用、可操作的解决方案。不要拖延，不要让员工的抱怨越积越深。

有的领导，因为自己的工作头绪繁杂，忙不过来，所以对于下属的抱怨不够重视。这只会让单位的气氛越来越差，人心不稳。如果真的无暇顾及下属的抱怨，可以委托某个同事或下属，去调查一下情况，以便做出反应。总之，善于听取并处理下属的抱怨，是优秀的领导者必须掌握的技能。

在听取下属抱怨的时候，领导者必须放低自己的姿态。有的领导觉得自己就是绝对的发号施令者，但是，如果处处一副高姿态，并不容易让人信服。如果在向下属询问为什么对工作不满时，是一副盛气凌人的样子，估计没人敢把心里的感受说出来，找不到真正的原因，问题就无法解决。

第四节

关照对方的利益

怎样跟客户说话

换位思考很重要。只有你接受了对方，说出了对方想讲的话，客户才会减少对你的排斥感，你才有机会把自己的想法一点点渗透给他，逐步迈向成功。如果你的思路没有转变到客户的立场上，那么你的一言一行都会与客户格格不入。任何时候，换位思考和双赢原则都是最重要的。

一、吸引客户的注意力

与客户说话的第一步是吸引客户的注意力，否则客户不会留意你在做什么、说什么，你的所有工作都可能白做。

（一）用提问的方式引起客户的兴趣

一家图书公司建议自己的推销员在接近顾客时，提出这样几个问题："如果我送您一套关于人际交往的书籍，您打开书之后发现内容十分有趣，您会选择读一读吗？""如果您读过这套书之后非常喜欢，您会将它买下吗？""如果您没有发现这套书的乐趣，您能将书塞在这个包里寄还给我吗？"这确实是行之有效的推销手段。它简单明了，句句直入主题，而且有礼有节，让顾客几乎找不到拒绝的理由。

优秀的推销员正是如此，他们往往通过直接向顾客提问的方式来引起顾客的兴趣，接着引发讨论，从而促使顾客购买。对顾客提出问题的方式是，先提出一个最容易被接受的问题，然后根据顾客的反应逐渐深入。提问的目的当然是介绍自己的产品，并且引发顾客认识到自己的需求和产品相接近。

格林先生是美国一家自动机械厂的销售人员，个人业绩非常优秀。他有一个不被客户拒绝的小秘诀：只要客户流露出拒绝的意思，他马上会说"你听说过威斯汀豪斯公司吗"这句话，这时客户都会回答："当然，每个人都知道！"格林先生接着又说："他们有一条固定的规则，该公司的采购人员必须给每一位来访的人员一小时以内的谈话时间，你知道吗？他们是怕错过好东西。你们是有一套比他们更好的采购制度，还是害怕看东西？"这样一来，便没有人拒绝他了。

（二）用对方感兴趣的话题打动他

所有人都会对他感兴趣的事情格外关注，在谈话中，当对方听到自己感兴趣的话题，常常会情绪激昂地参与到讨论中来。因此，在交流中，我们要抓住对方的兴趣点来打动他，从而实现进一步的交流。

"话不投机半句多"，这句话想必大家都听过。要想打破坚冰，就必须投其所好，把话说在对方心坎里。找准话题非常重要，一定要弄清楚对方感兴趣的东西是什么，然后才能对症下药。这样才能迅速缩短你和对方之间的距离，消除隔阂，使交流更愉快、更顺利。

小王是个保险推销员，有一次，他去拜访某公司的李经理，这是他当时遇到的最大一位客户。小王来到单位，与李经理见面之后，热情地把自己单位的保险种类做了详细说明。可是，李经理显然对小王的话毫无兴趣，在听的过程中打了几次哈欠，一副心不在焉的样子。

小王发现情况有些不对，这样下去必败无疑。小王的脑筋急速运转起来，突然，他发现李经理的办公室墙上，挂了许多名人字画，书柜里还摆了不少古玩。小王立刻找到了李经理的兴趣方向，于是说："李经理是不是对古玩很感兴趣，您应该有不少值得自豪的藏品吧？"

本来无精打采的李经理听到"古玩"这个词，一下子精神起来，说："嗯，我喜欢古玩，藏品也不少，怎么，你也对古玩有研究？"

小王顺势说："也谈不上什么研究，只是对最近关注度很高的青花瓷比较感兴趣，但是我研究不深，对区分青花瓷的年代最挠头，如果李经理有时间，还希望您能赐教。"

李经理被这个话题吸引住了，开始滔滔不绝地给小王讲起分辨青花瓷的经验。两人讨论得非常愉快，简直就是相见恨晚。最后，不但保单签下来了，他们还成了朋友。

在推销过程中，如果你看出对方很少参与你提出的话题，那么他很可能对你的话题不感兴趣，此时，你必须立即打住，尽快调整话题，找出客户的兴趣点，只有这样才能打动对方，交易才有可能成功。

（三）在恭维中给顾客提建议

一位打扮阔气的中年人带着一位时髦的太太到药店。人还没有走到柜台前，售货员小姐已经满面春风地迎了上去："您来啦？是来买维生素 E 的吧？"

中年人奇怪地点头："是的，可是你怎么知道？"

售货员小姐解释道："我们这里的营养品非常棒，很多爱美的女性都来买，而且看您太太的皮肤这么好，一定是常吃维生素 E。"

这么一说，中年人非常高兴，很快就和太太挑了一款产品，并准备付账。

在此期间，售货员小姐一直在和那位太太唠家常，中年人结完账后，售货员小姐又恰到好处地插了一句嘴："现在很多人都在尝试羊胎素，它的效果比普通的维生素 E 还要好，只是价格比较贵。"

太太一听，马上提出要看看，并要求售货员小姐做出讲解。售货员小姐一番讲解后，中年人觉得多尝试一种产品也不错，于是再次付了账。

售货员小姐细心地包装完毕，将东西交到了那位太太手中，又不忘叮嘱一句："这些营养品，一定要配合维生素 C 吃，才会使您的皮肤更加白嫩细致，您家里备了吧？"

中年人本来没打算买这么多，犹豫了一下，售货员小姐又开始夸赞他太太的皮肤细腻，保养得好。于是，中年人又为维生素 C 付了账。

如果营业员只是站在那里一动不动，或者只是简单地推荐几款，一定不会有这么好的效果。所以，在跟客户说话时，既不能漠然，也不可急于求成，要给顾客适当的建议，这样才能让对方毫无防范地接受你的推销。

（四）让客户表达自己

让客户自由表达，在这个过程中，可以摸透他们的心理，从而顺应他们的心理，自然而然地暗示他们，从容地达到目的。

张小姐在一家珠宝设计室做推销工作。最近几个月，她每周都会去拜访一位对珠宝很有研究的名人，希望他能购买自己公司的珠宝。这位名人每次都明确地告诉张小姐："不行，我想今天我们还是谈不成。"

张小姐苦思冥想，终于知道了症结所在。她将设计师没有设计完的草图拿给这位名人看，然后恭敬地向他咨询该如何完成。名人仔细地看完了每一张图，并且告诉她每幅图该如何完成。

张小姐将这几张图带了回去，并按照名人的想法将珠宝做了出来。三天之后，这位名人将这一批珠宝全部购买。

从那以后，张小姐的工作室就常常接到类似的订单，买主总是有机会详细地描绘自己理想中的珠宝样式，然后张小姐的公司就将他们的要求落实下来，设计室效益大涨，张小姐也被提升为营销主管。

张小姐说："以前，我都是催促顾客买下我认为他应该买的东西。现在我的做法则正好相反。我鼓励他们把自己的想法说出来，他们会觉得我们的图案是他们自己创造的，从而兴趣十足。我现在用不着去向他们推销，他们自己就会购买。"

（五）假装出错，制造需求

小于是一家服装店的老板，她能言善辩，生意总是比别人的红火。

一天，有个顾客来到她的店里，环视一圈后，目光停留在一件韩版女装上，驻足很久，没说买也没说不买。小于看到后，走到她跟前说："喜欢的话可以试试，现在搞活动，原价一千元，现在只要七百元。"

顾客没有表态。小于又说："看你好像很喜欢，可以考虑再优惠一点给你，五百元怎么样？"

顾客眼睛有些发亮，但还是没做决定。小于又接着说："不要犹豫，这件衣服就一件了，六百元卖给你好了。"

这时，顾客开口了，她迫不及待地问："刚才不是说五百元吗？怎么又变卦了？"

小于面露难色："啊，是吗？我刚才说五百元？这个已经是本钱价了。"停顿片刻，又说，"好吧，既然我已经说了，那就五百元卖给你吧。"

最后，小于顺利地将那件女装卖了出去。

小于为了诱使顾客做出反应，假装不小心报错价，巧妙地利用了顾客的心理。任何人的思维都会有出现空隙的时候，小于报错价是有可能的，而顾客不知不觉地陷入思维瘫痪，也是有可能的。

二、强调客户的利益

"世界上没有永恒的敌人，也没有永恒的朋友，只有永恒的利益。"只有在利益上达成共识，双方才能找到合作的契机。

如果你想要客户接受你的意见，那么在谈判的时候，首先要把你能够带来的利益说出来，而不是你的想法。你的想法并不重要，他们的需要才是关键因素。

（一）抓住客户购买商品的原因

人们购买某种商品，总是有原因的，或者是因为喜爱，或者是因为实用，或者是迫不得已，或者只是为了满足占有欲或者虚荣心。与他们交流，最重要的就是抓住他们购买商品的真正原因，把全部精力都集中在这上面。

小李夫妇在市中心有一套很好的房子。那里交通方便，紧邻商业街，购物和娱乐都很方便。但他们把房子卖了。

原来，孩子快要到上学的年龄了，而这里噪声太大，小李夫妇担心会影响孩子的学习。而且，周边没有一所好的学校，所以他们就搬走了。

他们让中介帮他们找一套安静的、离学校近的房子。中介公司很快就找好了一套房子，在一所知名大学旁边，大学附中、附小也在附近。小李夫妇觉得价格太高，很犹豫。中介公司的服务人员绕开了价格问题，一再强调说，新居非常安静，附近的教育设施非常完善，而且因为在大学附近，学习氛围非常浓郁，对小孩的教育会有潜移默化的促进作用，小孩的教育可是一辈子的事呀。

虽然小李夫妇并不富裕，但他们最后还是买下了那套价格昂贵的新房子。

假如你是一个房地产推销商，你也许可以满足客户对房子空间的需求，也可以满足客户停车的需求，可是孩子上学和居民购物上的问题你可能会满足不了，即使你把这些条件都满足了，价格上你又没法满足客户了。我们不如事先试探和思考，看看哪些需求是客户最关注的，是必须满足的。这样你才能根据对方的需要，进行针对性的推销。

如果客户拒绝交易，那么你可以采用反问的形式来试探，找到他们拒绝交易真正的原因。知道原因之后，就可以对症下药。例如，当客户拒绝购买你的商品时，你可以这样问："如果我们的产品是免费赠送给您的，您会使用我们的产品吗？"如果客户的回答是"当然会用了"这样的话，那么说明他们对商品本身的质量很满意，是在价格上有疑虑。这时你可以继续对客户说："如果您对我们的产品满意，也真心想买的话，价格可以商量。"

这样，客户就进入了交易程序，你又有了再次说服客户的机会。

（二）凸显双方的共同点

在与客户交谈的过程中，我们首先要强调的不是双方的分歧，而是双方的共同点，只有双方在观点上达成了共识，事情才能继续做下去。在和客户谈话的时候，要努力让客户说的是："你的想法和我不谋而合。"而不是说："不，我不能同意你的观点。"

三国时期，蜀国人邓芝赴吴国拜见孙权，力求促成蜀吴联合，共同对付魏国。经过一番说服，孙权接受了建议，但内心还是很动摇。邓芝看出孙权的疑虑，单刀直入地说："大王乃是当今英豪，诸葛亮也是当世俊杰；蜀国有山川之险，东吴有三江之固。若两国联合，共为唇齿，进则可以吞并天下，退则可以鼎足而立。今大王若是臣服于魏国，魏国必定要让大王去朝见，把太子留在宫中当人质；如果你不答应，就要派兵来攻打你，如果这个时候我们蜀国顺势来攻打你们，那么江南的河山，就不归大王所有了。"

邓芝说的这段话，其关键是抓住了两国的共同点"存亡"。正是这一点，把吴蜀两国原本对立的关系转化为了共同的利益关系，消除了两国原有的矛盾，树立了共同的目标。

谋求双方的共同点，是建立合作关系的关键。有些时候，你和客户是在一条船上，在大风大浪中，如果不齐心合力，必然是船翻人亡；但如果同舟共济，共同抵御风雨，就能避免灾祸的发生。

如果你能站在客户的角度，把你们的共同点讲清楚，是比较容易达成一致意见的。如果与客户在具体问题上产生了不同的认识，我们只能尽力反向思维，找出可以利用的共同点。

（三）站在客户的角度提问题

伏尔泰曾说过："判断一个人凭的是他的问题，而不是他的回答。"可见提问的技巧相当重要。提出好的问题，能引导客户表达自己，使你对客户的需求、动机有更准确、深入的了解，让你们之间的沟通更容易，解决问题更加迅速。以下是三个有效的提问技巧：

扩展问题——增加涉及的层面，更全面地了解客户的想法。让客户明白你之所以想了解他们更多的事情，是想更好地为他们服务。这样客户才会对你产生信任感，你的说服工作才会更顺利地进行。

将问题清晰化——准确把握客户的具体想法，客户到底想达到怎样的目标。所以提问的目的性要强，这样客户反馈给我们的需求才更清晰，我们得到的数据更清晰，说服工作才更容易。

转移话题——如果你对客户某方面的想法已经非常清楚了，就需要转换话题，来了解客户其他方面的需求，改变你和客户之间的沟通方向。

要想成功地说服客户，你的话一定要与客户的需要、期望、目标相结合，随时注意谈话中客户反馈给你的信息，进一步把握客户的需求。

一位邮局职员遇到一位顾客。他在填写表格时，有几项没有填写，而且对同伴说，没必要填那么多。邮局职员装作没听见，像聊天一样问顾客："如果您邮寄的物品出现了问题，您愿意我们第一时间通知您吗？"顾客回答说："当然愿意了，而且越快越好。"职员接着说："那您得把固定电话或手机号码填上，一旦有什么意外，我们可以第一时间与您联系。""哦，没问题，谢谢你呀。"顾客回答得很爽快。

因为顾客明白了填上电话是为了保证自己的利益，所以他很乐意把自己的电话填上。

要注意的是，你所提出的问题，一定要是常识性的问题，因为答案是大家公认的，容易理解，容易得到认可。假如你是一名医生，病人来你这里看病，你看了他的检查结果，知道病人是因为吸烟导致肺部的不适，你要怎么说服他戒烟呢？你可以提这样一个问题："先生，您知道用烟头在纸上烧，会给白纸留下一个洞吗？""当然，这谁不知道。"病人回答。你接着说："其实，你的肺就像白纸一样柔弱，千万不要再用烟头去烫。"这样一个简单的比喻，很容易理解，会给客户留下深刻的印象，也就更容易说服他们。

（四）以利动人

当你想说服别人与自己合作的时候，如果能恰到好处地在"利"字上把握分寸，相信不需要你费太多口舌，就会卓有成效。

比如，你推销一套自动控制系统，可以有两种说服客户的方法。第一种："我们这套高精度自动控制系统，最早是德国'二战'时期开始研制的，经过半个世纪的研发，又经过美国某某公司的升级换代，它拥有某某认证，代表着2009年自动控制系统的最高水平……"这种说法，很可能让不懂技术的客户一头雾水。

另一种说法是："张厂长，如果把我们这套自动控制系统安装在你们工厂的每条生产线上，那么你们生产出来的一等产品率将在原来的基础上上涨百分之十五，每天的经济效益可比原来增加一点五万元。如果你不及时安装这个自动控制系统，就意味着每天白白扔掉一点五万元。张厂长，这笔账你可得算明白，早买早受益呀！"

哪种说法更有效，不是显而易见吗？

三、"晓之以理"不够，还必须"动之以情"

说服客户，有很多具体的方法，合理运用这些方法，可以创造更融洽的沟通氛围，大大提高成交概率和胜算。其中特别值得注意的，是调动客户的情感需求。

（一）跟客户讲感情

心理学调查数据显示，影响我们决定的百分之八十五是感情，百分之十五是逻辑。我们往往认为自己是理性的，实际上这是因为，无论我们做出什么样的决定，总能找到一些数据来支持它，从而忽略了这个决定的感性本质。

85 / 15公式影响着所有人。喜欢你的人才会与你交往，才会信任你，愿意同你做生意。在工作上，仅有工作能力是不够的，如果忽略了与人交往的技巧，就很容易陷入困局。寻找工作、签订合同、赢得客户，这一切都需要感情的交流。切记：人是感情动物，应该努力让对方喜欢你。

在跟客户交流时，语气要诚恳，或者创造出热情洋溢的气氛。如果客户存在抵触情绪，只要能让客户的心变软，工作就算做好了。有的时候客户的情绪不是很稳定，这时候如果你能帮助他宣泄一下，也会对后面的交流起到重要作用。

跟客户拉近感情的一种有效方式，是巧妙利用"面子"。拜访客户的时候，你可以开门见山地告诉客户，你是谁介绍来的。每个人都有自己的关系网，所以，大多数客户都会对你很客气。不过要记住，尽管这个技巧很有用，但千万不能因此而编造自己的身份，否则遗患无穷，后果相当严重。

要想拉近感情，就必须接受客户的想法，绝对不能对抗。如果他非常坚持自己的想法，不愿意改变，肯定是觉得自己的想法有可取之处，这时候，我们就要先接受客户的想法，这样说："我也觉得您提出的想法有很多可取之处，的确让人很难取舍。"只有你接受了对方，说出了对方想讲的话，客户才会减少对你的排斥感，你才有机会把自己的想法一点点渗透给他，逐步迈向成功。

王小姐到服装市场里挑衣服，她走进一家店，准备挑衣服的时候，服务员跑上来说："小姐，您这衣服穿了很多年了吧，颜色都淡了，从我们这儿挑件新的吧，一件比一件漂亮！"

本来兴致勃勃的王小姐听后很生气，不等服务员继续介绍，扭头走出了这家店铺。

王小姐进了另一家店。服务员也很热情，说："小姐，一看您就会挑衣服，看您身上这件衣服的款式，面料多好啊。"王小姐很高兴，决定仔细听听服务员的介绍，再买件新衣服。

即使王小姐并不喜欢身上的旧衣服，她也不会愿意听到别人的负面评价。第一家店的服务员说的也许是事实，但是她拉开了与王小姐的心理距离，再也无法在心理上接近这个客户了。

（二）引导客户自己得出结论

客户总希望把主动权掌握在自己手中，由自己做出最后的结论。即使客户明白你和他做出的结论是相同的，他也不希望最后由别人做出结论。所以我们在和客户交流的过程中，不但要把客户往自己的方向引导，还要争取让最后的结论从他嘴里说出来。

要注意，千万不要把自己的想法强加于人。当有几种选择同时存在的时候，我们应该为客户加以说明，分析每个选择的优缺点，让客户自己来选择。不要替他做决定。

我们可以这样对客户说：如果选择 A 计划，所需成本是多少；选择 B 计划，成本又是多少。如果客户听完你的说明，问你："选择哪个计划更好？"你不要忙着说出自己的结论，记住要把决定权交给客户。你可以这样说："选择不同的方案会直接影响贵单位的成本以及后续工作，我不敢贸然做出决定，还要看您自己的意思。"

如果客户还要求你做个决定，你可以尽量用"这只是我个人的意见……"这样的话，来表明你的意见仅供参考，这样既表达了你的意见，又让客户觉得决定权在自己身上。

现在许多心理专家也犯这样的错误，他们喜欢把自己的意见强加给对方，经常会说："你应该怎么怎么做。"没有给对方自我表达的空间。

这样是不对的，因为这种方式对对方的关照不够，不容易实现真正的交流，更不容易说服对方。

假如你为客户做出了三套方案，那么其中肯定有你最想推出的一套，我们假设它是 A 方案，其他两个是 B 方案和 C 方案。你用什么方法才能让客户主动选择 A 方案呢？首先可以肯定的是，你绝对不能直接对他说"A 方案是最好的，你就用它吧，别的不用考虑了"，这样他会生疑。你也不能只给客户提供 A 方案，这会让客户觉得没有选择的余地。

那么，你应该怎么做呢？首先，你必须对这三套方案了如指掌；其次，要明确你的目标：把 A 方案成功推荐给客户。既然要推出的是 A 方案，那么 B 和 C 这两个方案一定是不太符合实际情况的方案，这样才能显出 A 方案的特别，更容易让客户接受。

把方案展示给客户的时候，一定要注意措辞。尽量不要说："这是我们为您制订的三个方案，您任选一个吧。"这会让客户觉得三个方案都在一个水平上，只要随便选一个看看就行，这样你的计划就泡汤了。

我们应该把三个方案分别介绍给客户，解释清楚每个方案的优缺点。当然，对你想推荐的方案要讲解得更为细致，然后让客户挑选他认为好的方案。听了你的介绍后，也许客户会如你所愿选择 A 方案；也许他有些犹豫，然后选了别的方案，这时你千万不要强硬地改变对方的选择，你可以用这种方式跟客户说："您的眼力真不错！不过我得提醒您，这个方案中某些方面的预算会很高，您的利润会随着降低。"然后把客户引导到 A 方案中，补充说明一下 A 方案的优点，让客户意识到 A 方案才是最适合自己的，这样你就成功了。

（三）客户抱怨价格怎么办

当客户向你抱怨价格太高时，说明他心里已经有了一个自认为合理的价位。那你如何才能说服客户呢？

第一，价格对比。尽量把你的产品与其他价格高的产品放在一起比较，这样会显得你的价格已经很低了。客户往往会了解同类产品中哪种是最贵的，哪种比较便宜，你可以把自己的产品放在它们中间进行比较，如果用图表演示，效果会更好。

第二，质量对比。当客户抱怨你的产品比另一种产品价格高时，你可以在质量上进行比对，向客户展示自己产品材料、工艺上的优势，让客户明白，他的每一分钱都没有白花。

第三，用优点冲淡价格。向客户强调自己产品优秀的品质、漂亮的外观、强大的性能、良好的售后服务等，来淡化客户对价格的印象，分散他的注意力。

第四，缩小差别。如果你的产品价格的确高于其他产品，那么除了可以用质量、售后服务等作比较外，还可以想办法把价差细分，用化整为零的方法进行对比。打个比方，某客户要印三千册书，你的报价是五百元，而另一家印刷厂只要四百元，比你便宜一百元。这时你该怎么说服客户呢？你可以这样说："三千册书只差一百元，合每本书才多出三分钱，三分钱连张手纸都买不来。再说，我们的印刷效果非常好，纸张质量也有保证，交货又准时。您何必为这点儿差价而提心吊胆呢？"把差别从一百元缩小到三分钱，缩小到万分之三，这种差别上的巨大改变，对你说服客户会起很大帮助。

（四）时刻准备着回答客户的问题

要说服客户，你最好做一些事前的准备。想一想，如果你是客户，会在哪些地方提出问题。然后据此去做准备。一旦发生被客户问住的情况，很可能就会失去整个生意。事前准备做得越充分，就越能回答出客户的更多问题，回答得更好，更容易赢得客户。

当回答客户提问时，你可以稍微做些停顿，考虑好再回答。匆忙的回答可能会产生纰漏。沉稳的语气、恰当的回答会让客户更好地听取你的意见。如果你担心语气的停顿会让客户觉得你的回答不够流畅，你也可以把客户的问题重复一遍，以此争取时间。

（五）如果你最终没有说服客户

通常而言，无法成功说服客户的原因有以下几点：

第一，说话的方式不对。说起话来断断续续、速度过慢，会使客户失去耐心。语速过快、没有停顿，又会让客户听不清你说的内容，或者来不及理解你要表达的意思。说话声音小、语调平淡、吐字不清等，都会造成你与客户之间沟通的问题。

第二，思维混乱。叙述某个方案的时候，没有条理性，颠三倒四、思路不清晰，让客户感到困惑和不解。

第三，使用过多的专业术语。客户并不是专家，过多的专业术语会使客户觉得你有卖弄的意思，而卖弄很有可能是在蒙人。

第四，没有站在客户的角度考虑问题。如果思路没有转变到客户的立场上，那么你的一言一行都会与客户格格不入。你无法真正理解他的想法，自然无法对症下药。

第五，如果上述那些错误你都没有，那么挡在你和成功之间的障碍就只剩下一个了，那就是一份具体的实施方案。无论你前面的工作做得多么出色，给客户留下了多么美好的印象，如果你没有一份针对客户需求制订的可行性方案，或者你的方案太过平庸，那么一切努力就都白费了。

四、因人而异的推销策略

每个人都有自己的个性，都有接受别人意见的独特方式。要想让客户接受你，就必须了解该客户习惯于接受什么样的推销方式，然后制定专门的策略和方案。

（一）面对沉默寡言的客户

这种客户不怎么爱说话，只有你问他的时候，他才会回答。面对这样的客户，首先要破除畏难心理，不要把他当作难以接近的陌生人；其次，先讲一些众所周知的话题，拉近与他的距离。像这种客户，一旦能够接受你，那么他会非常忠实，是很值得多花力气的。

（二）面对犹豫不决的客户

这种客户一般个性不是很强，遇事没有主见。这时我们最需要做的，就是让自己充满自信，用自己的信心和激情去带动他。当你掌握了主动，就要运用好自己掌握的知识，不断地提出建议，强调你的立场，多用肯定性的词语。让客户不由自主地像你一样充满信心，就离成功不远了。

（三）面对容易猜疑的客户

这类客户不是决断力有问题，而是疑心很重，性格比较消极悲观，他们习惯于对他人的想法、建议产生怀疑。要想说服这样的客户，最重要的是得到他们的信任。他们是很感性的，在与他们的交谈中，要突出显示你的诚意，多多交换彼此的意见。只要消除他们的猜疑，就会越来越容易相处。

（四）面对知识丰富的客户

遇到这样的客户，你会很开心。因为在和他们的交谈中，你会学到很多知识，受益匪浅。而且知识渊博的人一般都很大度，有很强的分析能力和沟通能力，你可以很轻松地把自己的想法传达给他们，只要能够达成共识，交易就会很容易达成。

（五）面对善变的客户

你很难预测他们在想些什么，因为他们的想法在随时随地地变化着。这种客户很容易做出结论，也很容易改变结论。也许他们这次会用你的方案，但绝不会成为你忠实的客户。

（六）面对讨价还价的客户

这种客户可能是把讨价还价当成一种爱好，如果不能得到一点儿优惠，就会觉得不舒服。无论是几毛钱的小商品，还是上百万元的大生意，他们都会跟你讨价还价，直到你做出让步。

遇到这种情况，你可以做口头上的让步，满足客户的心理需求。比如：
"我可从来没有卖出过这么低的价格。"或者："您太厉害了，就再给
您算便宜一点儿吧。"当客户满足了他们讨价还价的爱好，自然会接受
你的方案。

（七）面对急性子和慢性子的客户

面对急性子客户时，无论是问问题还是回答问题，都要简单、清晰、
准确，语气干脆。因为急性子的人，大都事业心很强，讲究办事效率，
讲究速度，所以他们不能允许你耽误时间。

而慢性子的人喜欢按部就班，只有当他们觉得很有把握的时候，他
们才会走出下一步。这提醒我们注意，千万不要催促他们。向他们施加
压力，会让你自己表现得很急躁，这可能会让他们居高临下地看你。面
对这样的人，你要做的就是努力适应他们的节奏，把你的想法清晰地展
示给他们看。

（八）面对令人讨厌的客户

你总会碰到这样一种人，他们说话总带着刺，没事就喜欢挖苦、讽刺、
否定别人。这种客户毫无疑问是令人头疼的。不过，我们应该先分析一
下这种心理为什么会出现，是在工作中郁郁不得志，还是在生活中很压
抑需要发泄，或是想得到别人的肯定，却一直未能如愿。只有找出他心
理上的原因，才能正确地运用相应的策略。而且，这种人的心理弱点往
往很明显，一旦你得到他的好感，就会很容易办事。

五、客户闹意见怎么办

几乎所有的客户都是挑剔的，他们总会提出各种各样的意见。只有妥善处理好客户的意见和争议，才能消除他们的顾虑，促使他们购买你所推荐的产品。

（一）多听少说

当客户有意见时，千万不要打断他，要认真倾听他说的每一句话。然后在适当的时机以适当的方法提出异议。一定要记住，必须等客户将自己的意见完全阐明之后，再诚恳地解答他提出的问题。

推销员："先生，通过观察贵厂的情况，我发现你们自己维修花的钱，比雇用我们干还要花得多，是这样的吧？"

客户："我也认为我们自己干不是太划算，我承认你们的维修服务干得不错，但是毕竟你们缺乏电子方面的……"

推销员："对不起，请允许我插一句……有一点我想说明一下，任何人都不是天才，修理汽车需要特殊的材料和设备，比如，真空泵、钻孔机、曲轴……"

客户："是的，不过你误解了我的意思，我是想说……"

推销员："我明白你的意思，可就算你的部下聪明绝顶，也不能在没有专业设备的条件下干出有水平的活来。"

客户还没听完，就转身离开了。

推销员："现在等一下，先生，只等一分钟，让我只说一句话……"

很显然，在这段对话中，推销员几次三番打断顾客的陈述，这样的谈话方式显然是不可取的。有些推销员自认为聪明，能够摸透顾客的心，所以总是抢先一步将对方想说的话说出来，结果只能招来顾客的反感，甚至是恼怒。

必须了解客户的心理、看法和立场，才能抓住客户的需求。所以要善于倾听，并用这样的话来表示你的重视："我明白您的意思""嗯，您提的问题很专业""我知道您的要求了""很多人的看法和您的一样"等。

（二）善用"为什么"

有人说，在推销员使用的词汇当中，最有价值的便是"为什么"，因为它可以让顾客开口，带给你所需要的信息；而且在你受到客户质疑时，它可以使你从容地摆脱困境，为你争取更多考虑的时间；最后，它也能迫使潜在的买主认真检验自己提出的理由。

当顾客提出异议后，推销员并不一定要以陈述句的形式摆出事实，而是可以通过向顾客提问的方法，来引导顾客自己找到答案。

假如你是化妆品的推销员，顾客提出异议："你的化妆品确实不错，可是这么高的价格我觉得难以接受。"这时候，你可以反问她："你怎么会这样想呢？"或者："我们的产品每年全球销量几千万，很多爱美的女性都是我们的忠实顾客，不知您为什么不愿意为它投资呢？"

假如你推销的是电饭锅，顾客提出异议："你的电饭锅容量太小。"你可以反问："我认为它足够一家人的分量，为什么说它容量小呢？"

假如你推销的是手机，顾客提出异议："我似乎不太喜欢这种纯钢型的手机。"你可以反问："这种机型是今年最流行的款式，您为什么不喜欢呢？"

假如你推销的是吸尘器，顾客提出异议："我觉得它噪声太大。"你可以反问："在同类型的产品中，它是最安静的一款，不知您为什么会觉得它吵呢？"

推销员通过问"为什么"，可以引导对方逐步说出自己的真实想法，然后就可以想办法说服对方，从而达成交易。

有时候，如果你对客户提出的问题不知道如何回答，可以委婉地反问，当然前提是不要引起客户的反感。比如说，客户问："你的发动机产生的热量为什么比别的牌子的高？"如果你不太懂这方面的技术，你可以反问他："您为什么觉得我们的发动机热量高呢？"这样问的目的是更清楚地了解客户的问题，因为你这样问完，客户就可能告诉你："某某发动机的温度是多少，你的产品比人家的高多少……"诸如此类的信息，你只有掌握了这些信息，才能更明确地回答他的疑问。

（三）迂回否定

迂回否定说得简单一点，就是用"是的，但是……"或者"是的，不过……"来否定对方。在这种方法中，首先要肯定顾客提出的异议，再诉说自己的观点。对妥善处理异议来说，毫无疑问，它是使用最为广泛的方法，因为它比其他方法都更适合于不同情况和不同类型的买主。

很显然，所有人都希望得到别人的肯定，尤其是当我们在抱怨一件事情的时候，更是希望能够得到肯定的回答，而不是"不，不对，你这种看法从根本上就是错误的"或者"先生，我可听不出您的话有什么道理，您可能完全搞错了"。这样的话一旦出口，不论顾客是否意识到自己的问题，他的本能反应就是，用更为激烈的话来辩驳。

通常情况下，客户对某件商品或服务不满意时，会带有偏激的、主观的情绪，他们的看法往往是片面的、不完善的，甚至有的人干脆就是为了表现自己而枉顾事实。但无论如何，对于客户的各种看法，推销员都不能迎头反击，而是应该首先肯定他的看法，将他的情绪稳定下来，使他的心理需求得到满足。你可以对顾客这样讲："没错，您的看法非常正确，但我们这次的情况非常特殊……"或者这样讲："是的，您说的情况我也了解，对您的处境我也深表同情，但是您是否想到另一方面？"或者还可以说："是啊，我当初的看法和您一模一样，但是后来我仔细想了想，发现实际情况并非如此……"

（四）用优点补偿缺点

先承认顾客提出的异议是合理的，再提出该商品或服务中的某些优点，用以补偿不足之处。这种方法的基本理论是"世界上没有十全十美的东西"，也就是说，所有产品都是有一定缺陷的，顾客提出的缺陷，或许真的存在，但是，一定要用产品的优势将缺陷掩盖。

当推销员在面对顾客完全合理的异议时，切忌一味地加以否定或者回避、转移话题，否则会让顾客对商家产生不信任感，以致对产品完全抱怀疑态度，结果就会越闹越僵。这种时候，应该尝试优点补偿法。

比如说顾客想买一件西服，可他不是非常满意西服的质量，这时候推销员应该先承认这一点，然后说："您说得没错，但我们的款式是今年最流行的，如果质量再好一点的话，放到百货商店去卖，价格会翻两番的。"

当顾客对产品不进行保修提出疑问时，推销员可以这样回答："没错先生，我们的产品不保修，但这并不表示我们的产品质量不好，我们不提供此项服务是为了降低成本，以求降低售价。您没注意到我们的产品比别人便宜很多吗？"

如果顾客提出："这东西卖这么便宜，是不是质量上有问题？"推销员可以这样回答："因为是积压品，所以才会降价销售，但绝对没有质量问题。"

如果顾客提出："要这么长时间才能交货吗？能不能快点？"推销员可以这样回答："我们的交货期确实很长，但这是为了保证质量。如果您希望提前交货，我们可以赶工，但价格会相对高一点。"

（五）礼貌地"装聋作哑"

一般来说，推销员应该热情地回答客户提出的各种问题，帮助客户认识、了解产品，找出自己的需要，但这并不意味着必须认真地回答每一个问题。"装聋作哑"又叫"顾左右而言他"，就是说在面对某些异议时，故意采取忽略、沉默以及置若罔闻的处理方法。在某些特定场合下，这种方法是非常有效的。

在商场的首饰柜台前，一对夫妇精心挑选了许久，终于看上一枚钻戒，可是那位太太对售货员小姐说："你这里的价格太贵了，我们还要回家好好商量一下。"售货员小姐马上微笑着对那位先生说："先生是要我们进行柜台专业包装，还是简单包装一下就好？"那位先生转头问他的太太："你觉得呢？"太太只好说："还是简单包装一下就好了，在这里包装的话肯定也会很贵。"

当然，这种方法仅适用于少数情况，尤其是在商品马上就要推销出去时。在下列几种情况下，最好不要使用这种方法：首先，是遇到自尊心比较强的顾客，这种漠视会让他产生被轻视的感觉，从而引起不满；其次，如果沉默会引起顾客疑心，最好也不要使用，这时候还是耐心细致地解释为妙。

（六）实话实说

如果你遇到非常直爽的客户，在面对他的异议时，不妨给他最真实的答复。这里有一个例子。

有一个平凡的业务员，在干了十三年的推销工作后，突然对长期以来的强颜欢笑、编造假话、吹嘘产品等招揽客户的做法感到非常厌倦，他觉得这是他生活中的一种压力，时常让他喘不过气来。为了摆脱这种压力，他决定从今以后要童叟无欺。他下定决心要向客户讲真话，即使被解雇也在所不惜。

有了这个念头之后，他觉得心情轻松了许多。

新的一天开始了。第一个客户进店，问他店里有没有可以自由折叠、调节高度的桌子。

他搬来桌子，如实地向客户介绍："老实说，这种桌子不怎么好，我们常常接受退货。"

"啊！是吗？可到处都看得到这种桌子，我看它挺实用的。"

"也许是。不过据我看，这种桌子不见得能升降自如。没错，它款式新，但结构还不够合理。如果我向您隐瞒它的缺点，就等于是在欺骗您。"

"结构不合理？"

"是的，它的结构过于复杂，过于精巧，结果反倒不够简便。"

这时，推销员走近桌子，用脚去蹬脚板。本来，这要轻轻地踩，他却一脚狠狠地踏上去，桌面突然往上撑起，撞到了那位顾客的下巴。

"对不起，对不起，我不是故意的。"

客户没在意，反而笑了起来，脸上露出真诚的神色："很好，不过我还要仔细看看。"

"没关系，买东西不精心挑选是会吃亏的。您看看桌子用的木料，品质并非上乘，贴面胶合一般。坦白地说，我劝您别买这种桌子，您可以到别家家具店看看别的桌子，或许有更好的选择。"

"好极了！"客户听完解说十分开心，出乎意料地表示要买下这张桌子，并且马上取货。

客人一走，这位售货员就受到了主管的训斥，并被告知他被"炒鱿鱼"了，马上到人事部办理离职手续。

过了一小时，业务员整理好了自己的东西，准备打包回家。

这时，突然来了一群人，特意找他要求看看多用桌，一下就买走了几十张桌子，说是刚才买桌子的那位顾客介绍来的，说这个售货员最实诚、可靠。

就这样，店里成交了一笔很大的买卖。这件事惊动了经理，售货员不仅没有被辞退，经理还特意跟他聊了聊，并主动与他续约。不但如此，还给他涨了工资。从此以后，公司把他如实介绍商品的方法称为"新型的售货风格"，并要他继续保持下去。

为什么如实地介绍商品的缺点反而能够促销呢？因为这种方法满足了顾客的挑剔心理，你替他说出了他将要挑剔的地方，他就失去了挑剔的冲动和必要，反而要考虑一下商品的优点；而且，你的实话实说，会让他觉得你很可靠，值得信赖，从如此坦诚的人手里买东西，还有什么可担心的呢？

同理，采用"示弱"的办法推销，也往往能收到类似的效果。

（七）站在对方立场上

与客户交谈时，要尽可能贴近对方的心，以免造成心理上的隔阂。人们对任何事物的接受，首先表现在心理上的接受，如果客户始终心存芥蒂，就算你口吐莲花也是无济于事的。

关系好也不能随便

怎样跟朋友说话

朋友之间的交情必须到了一定程度才能削减礼节。现代社会中，我们的交往范围越来越广，泛泛之交越来越多，这种朋友表面上称兄道弟，实际上相交甚浅，是不能削减礼节的。

一、如果你需要朋友帮忙

《红楼梦》里的刘姥姥为了"借"些过年的银子，几进荣国府，次次都能如愿。这个乡下老太婆之所以成功，是因为她掌握了求人帮忙的技巧：不卑，不亢。不卑，是不能太低三下四让人瞧不起；不亢，是尊重现实处境，求人当然要低姿态，而且人们普遍有一种照顾弱者的保护欲。刘姥姥虽然是个乡下老太婆，但对世道人心的把握，是相当精到的。

（一）先试探，以免尴尬

在求人时，善于运用试探的方法，不但能够了解对方的真实意图，而且能在对方拒绝的时候，很好地保全自己的尊严和面子，避免出现尴尬。

比如说向朋友借钱时，你明知道他现在资金不紧张，也要问一声："你的钱现在紧张不？"下面的话你不用开口，朋友就已经心知肚明了。这种语气不但温和，也容易让人接受。

李先生想在一处繁华地段开一家意大利面食馆，当时，当地的西餐业刚刚起步，可以说是商机无限。可李先生苦于资金不足，迟迟没有决定下来。

他有一位朋友，多年从事餐饮服务行业，资金实力非常雄厚，李先生便想与这位朋友合资办起这家意大利面食馆，可那位朋友的事业正如日中天，不知道他有没有这种投资意向。于是李先生便以叙旧为由，把他约了出来。

谈话的时候，李先生并没有直接把自己的想法告诉朋友，而是先讨论了一下当地的商业地段，肯定了一下他看中的地皮，然后两人又谈到了西餐业在当地的兴起。最后，李先生才悄悄靠近正题，向朋友询问在那里开一家意大利面食馆是否会赚钱。没想到，朋友早有此意。李先生见时机已到，便向朋友和盘托出了自己的计划。两人随即决定了合作事宜。

（二）讲究时机，把握分寸

求人办事时，一定要在适当的时机，用适当的语言表达出来。原因很简单，既然你想让对方接受你的请求，当然要在对方心情愉快的时候提出来。

老张这几天吃不下饭也睡不着觉，原来是他的小儿子要结婚了，可结婚的房子还没有音信。厂里原本有一套房子是要分给他的，这两天却听说划在了别人名下。厂里有人给他出主意，让他去找找厂长。老张平时从来不愿意向人低头，可想到儿子，他只好硬着头皮决定一试。可是好几次看到厂长，厂长都是一脸严肃，不是在谈工作，就是在打电话，老张就没开口。

一天，厂长谈了个大项目，送走客人之后，很高兴，在办公室里和几个下属聊天。老张总算找了个好机会。

"厂长，我实在是没办法了，只好来求您了。厂里人都说让我来找您，只有您才能帮我解决困难。"老张先把厂里的人抬了出来，算是给厂长戴了一顶高帽子。

厂长听了果然受用，马上和颜悦色地问他："什么事情呀？"

"唉，别提了。我小儿子马上要结婚了，可女方非要有了房子才肯嫁过来。我在厂里也干了一辈子了，到头来，房子都没有……"

"原来是这件事啊，行，我试着帮你解决！"厂长大声说。

"厂长，真是谢谢了。我们一家人都会记着您帮的这个大忙。"

"哈哈，等你儿子生下胖小子，记得请我喝喜酒……"

说完了时机，我们再来看看分寸。说话讲分寸是求人成功的保障。分寸，就是把握尺度，不要过分地吹捧对方，给对方戴高帽子，也不要过分贬低自己。要知道"过犹不及"，两者都会带来不好的效果。

一天，小王带着一筐价值不菲的水果到上司家做客。说明来意后，小王指着水果说是家里托人带来的，正好请他尝尝鲜。上司明眼一瞧，对水果的价值已经一清二楚，于是客套地说道："怎么这么客气！"小王不想让领导因为水果的价格而产生心理压力，于是急忙说道："哪里哪里，这东西便宜得很，在我们家乡都是用来喂猪的。"

一句话出口，做客的事情暂且不谈，实实在在地给领导留下了坏印象。

（三）怎样向朋友借钱

首先，要用商量的语气，这是最起码的礼节。你可以这样说："我办急事要花一笔钱，但手头太紧，不知你手头宽裕吗？如果可以，先借我些钱救救急，等我缓过来立即还你。"用这种商量的口气求朋友，他们是不会不借的。

借钱时一定不能乱说话，就算你知道朋友有钱，也不能说"我知道你近年来赚了不少钱，借我一点儿就好像从牛身上拔根毛，别太抠门了"。这种话平时开玩笑可以说，在借钱时却很忌讳，哪怕你们是铁哥们儿。

其次，要说明归还时间。即使是临时借的小钱，也要说明归还时间。有的朋友也许真的不把这点儿小钱当回事儿，但大部分恐怕不这样；即使对方表示"无所谓"，你也不能掉以轻心。为避免因这点儿小钱伤害你和朋友的关系，在借钱的同时，一定要说明归还的日期。你可以这么说："这件衣服不错，可我手头钱不够了，你先借给我二百块钱，等会儿到 ATM 机取了就还你。"如果数额较大，需要时间较长，就更要严肃说明归还时间。

一旦说明了归还日期，就必须按时照办，只有这样才能树立可信可靠的形象，日后的交往才会顺利。有些人为了让朋友更痛快地借钱给他，会编造各种各样的假话，明明下个月不能归还，偏要说下个月可以归还，甚至说"下周就还"。信用的建立很难，但信用的毁坏是很容易的。

最后，借不到时不要说气话。谁都有自己的难处，如果朋友无法帮你，千万不能说出不礼貌的气话。你可以给双方找个台阶："我知道你最近手头也紧张，所以我刚才也很犹豫呢。我再想想别的办法，希望我们俩都尽快富裕起来哟！"这样的话会让朋友觉得你很贴心，借钱的尴尬会转化成同舟共济的亲密。

二、如果朋友需要安慰

朋友需要安慰的时候，也是他最敏感、最脆弱的时候。可惜的是，在日常生活中，不恰当的安慰方式比比皆是，很多时候所起的作用会适得其反。这些不恰当的安慰方式，最常见的错误是没有与被安慰者形成同感共情，而只是简单地将他们与其他标准进行僵硬的对比。那么，怎样的安慰方式才是正确的呢？

（一）不要流露出怜悯的情绪

大部分人的自尊心都很强，假如你一定要对朋友说几句安慰的话，那么一定不能让他觉得你是在怜悯他。情绪脆弱的时候，受不起别人的怜悯，你越怜悯他，他的自尊心越受伤害。因此，最好用相反的方法，不但不要显示怜悯，而且应该以乐观的调子，轻松愉快地说几句让人高兴的话。如果朋友生病，但并不是特别严重，你可以说："你多幸运啊！但愿我也生一场病，也安安静静地休息几天。"听了这样的话，他也许真的会因为能暂时摆脱工作而庆幸。要注意的是，如果他的病很严重，而且他自己清楚，那么就不能这样说话。

安慰的首要条件是感同身受，如果做不到这一点，你就不能很好地安慰人，也没有人愿意接受你的安慰。因此，在安慰朋友时，不要只是简单地劝阻，最好要在安慰中使对方放松，或者给他以鼓励。有位作家住房简陋，一家四口人挤在一间一居室里，连个摆书桌的地方都没有。作家跟朋友诉苦，说他干了十多年的笔墨工作，家里至今却放不下一张书桌。朋友听了，轻描淡写地大声说："古今中外最好的小说，有几部是在豪华书桌上产生的？你岁数还小呢，担心什么！"作家听了，觉得受到了莫大的鼓舞，心情也不那么压抑了。

安慰朋友，切忌简单地劝阻。类似"这算得了什么呢""何必为此而苦恼呢"之类的话，是安慰不了谁的，因为你不能解释这为什么算不了什么。相反，朋友可能会说："你懂得什么呀？只会说风凉话！"假如上面所说的作家的朋友，安慰他说"房子小，放不下书桌，这算得了什么呢？这有什么苦恼的呢"，那么作家是何感受？

（二）避开伤心的话题

看望生病的朋友，不要过于关心他的病情，也不要向他详细询问病状和调治方法，他也许已经解答过100遍了，肯定很厌烦再被问起。几乎所有来看望的人都会谈这类话题，所以你要避开。病床上的生活是最无聊最枯燥的，你可以给他说说外面的趣闻，从身边琐事到国家大事，都可以。尽量选择幽默有趣的内容进行描述，让他多得到一点儿快乐，这是对他最大的安慰。

安慰死者的家属，最好的办法就是不提及死者，不要为了表示你的同情而揭起他的伤疤。应该让他暂时忘记那些无法挽回的不幸，直面未来。在这样的时候，同情的话并不能给他提供任何实际的帮助，要想减轻他们的痛苦，最好的方法就是真诚地问他以后的打算。

（三）不要火上浇油

朋友与人发生冲突，这种时候安慰他，最容易犯的一个禁忌就是火上浇油，使对方刚刚平息的情绪又激动起来。事实上，这时候你应该努力缓解他的情绪，让他找到心理平衡。

如果朋友刚刚失恋，你不能故作高深地说"我早就看出他不是个好东西""他是存心欺骗你，当初说的那些话都是假的""她是在利用你"这样的话，因为这会让被安慰者在伤心之余又多一份窝囊和寒心。正确的做法是帮助朋友分析自身的缺点，让他觉得两人的确不相配，分手从长远来看对双方都有好处。这样，他在内心深处会产生平衡感。

同样，如果朋友被领导批评了，你可以表示惋惜，并帮他分析到底是怎么回事，自己有哪些地方需要加强。切忌不分是非曲直地说："领导一定是在打击报复你！""你一定是被人陷害了！"尽管这种话迎合了他的情绪，却于事无补，对于他的自我调整也没有任何好处。

（四）让他觉得"比下有余"

不同的人承受打击的心理能力是不同的，要区别对待。对大部分人来说，遭受打击之后，看待其他人会有一种"比上不足"的复杂的感觉，并因此而灰心和泄气。这时，他会不由自主地寻找安慰自己的理由。他环顾四周，发现有人比他的处境还要差，便会产生"比下有余"的自我安慰，这种感觉能有效排解内心的嫉妒和绝望，总的作用是积极的。

安慰朋友时，也可以采用这种方式，让他觉得自己不是最悲惨最倒霉的，还算是"比下有余"，以此来冲淡他的失意感。这种心理平衡，会使他重新鼓起勇气，不至于一蹶不振。

三、讲究礼节不能太过

（一）朋友之间不要客套

待人接物的时候，我们应该谦和礼貌，但是过分的客套会给人一种做作不自然的感觉。尤其是在亲朋好友之间，说话拐弯抹角，语意微妙，就会让人感到见外、生分。在熟悉的朋友面前，张口就说"请""不好意思""对不起"等，会有什么效果呢？

（二）直言不讳

孔子说："益者三友，友直、友谅、友多闻。"好朋友的三个标准是：正直坦率，善于体谅人，知识渊博。正直坦率，就是敢于直言不讳地指出朋友的过失。唐太宗和魏徵的故事大家都知道，他们固然是君臣关系，但又何尝不是患难与共的好朋友呢？正是由于魏徵的直言，唐太宗少犯了很多错误，所以魏徵去世后，唐太宗才感叹说："我亡魏徵，如丢失了一面镜子啊。"

真正的好朋友是不怕你批评的。如果你直言不讳地指出朋友的错误，朋友从此对你耿耿于怀，那么这样的朋友不交也罢。

如果朋友不敢当面说出你的错误，岂不是很危险？看看那些走向犯罪的人，很多人也能够拉帮结伙，吆三喝四，但何尝有一个"朋友"敢站出来，规劝他们迷途知返呢？

东汉末年，刘备和许汜是无话不谈的好朋友。一天，刘备跟许汜闲聊，评论当今的大人物，说到徐州的陈登时，许汜说："陈登这个人没什么教养，不能结交。"

刘备问："这是从何说来呢？"

许汜说："前几年我去拜访他的时候，他一点儿诚意都没有，天天让我睡在小床上。"

没想到，刘备却点头赞成："他这样做是对的。"

许汜听了这话刚想发火，刘备拍着他的肩膀诚恳地说："你看当今的世道，百姓真的是遭尽了罪，受尽了苦。而你不但不关心百姓，还到处打听哪里有肥田、美宅可买，总想占便宜。这种人是最让陈登看不起的，他叫你睡小床，我看那还算是便宜你了呢！换了是我，连张床板也不给你，就叫你睡在地上，哈哈哈哈！"

许汜听了这些话，羞愧得面红耳赤。他很感谢刘备的直言不讳，表示以后一定要改正这些缺点。

刘备是个深藏不露的人，以"一生不露真"而闻名，但他对于朋友的缺点则能直截了当地指出，朋友们也甘心为他赴汤蹈火。

（三）仔细判别交情的深浅

对待朋友是削减礼节，还是直言不讳，要根据交往程度的深浅做判断，主要要注意以下三点：

第一，朋友之间的交情必须到了一定程度才能削减礼节。现代社会中，我们的交往范围越来越广，泛泛之交越来越多，这种朋友表面上称兄道弟，实际上相交甚浅，是不能削减礼节的。

第二，能够让你直言不讳的朋友，数量不会很多，必须相互之间交往密切、无话不谈、充分信任，否则容易破坏本已有了一定基础的感情。

第三，即使是最好的朋友，指出他的缺点也要看时机。赞扬一个人可以在大庭广众之下，但要规劝一个人，必须在私底下，给他留面子，不然他可能会恼羞成怒。

第六节

兄弟，借个火

跟陌生人也谈得来

　　任何人之间都会有共同点，哪怕两人看起来有天壤之别。这是因为人的基本需求是一样的，即所谓"人同此心，心同此理"，人与人之间正是因为有共同点，才有可能交流。而成功的交流，往往是以共同点为切入点的。

一、万事开头难

　　每个好朋友最初也是陌生人。陌生并不意味着难以交往，很多人畏缩不前，是因为害怕被拒绝，以至于陌生人越来越多，朋友却越来越少。其实，生活的美好就在于有那么多的未知，未知的友情、未知的爱情、未知的亲情，这些感情如此美好，而这一切美好，都可能从一个陌生人开始。

（一）敢于引领他人

一般人都有过害怕和陌生人说话的心理。当我们在聚会上言辞匮乏时，在面试中无法更好地表现自己时，更加不敢和陌生人交谈，最后给人留下唯唯诺诺、不好相处的感觉。在陌生人面前，太过拘束会使我们生活得越来越闭塞，只有学会跟陌生人自如交谈的方法，我们才能使生活丰富起来。

英国著名旅行家塞迪·伍德是一个谈话方面的高手。他曾去过世界很多地方，在和陌生人说话的过程中，他感到受益匪浅，也很难忘。他说："和陌生人谈话，就像一次新奇的旅程，你不知道下一站会遇到什么风景。世界上没有陌生人，只有未知的朋友，找到了与人沟通的技巧，也就拿到了前往下一站风景的门票。"

与陌生人在一起时，你应该努力学会引导别人说话。你可以说："今天天气不错，你觉得呢？"对方可能会说："是啊，天气很好。"这样，两个人就能交流下去了。如果你希望对方像你一样开怀畅谈，可以用询问的语气，比如："你觉得为什么会这样？""你是怎么看的？""你也觉得是这样吗？"对方看到你在等待他的答案时，也会说出自己的想法的。

（二）要善于称呼对方

与人交谈，称呼是必不可少的。可以根据年龄的大小、资望的深浅来称呼他人。年龄小、资望浅的可以称呼为"小张""小李"，年龄大、资望深的可以称呼为"老刘""张师傅"。在正式场合，如果对方身份明确，要用身份来称呼，比如，"张总""王经理"。另外，使用称呼还应该注意到人物的主次关系以及年龄特征。主次关系主要用在多人场合，多人场合应该以先长后幼、先上后下、先疏后亲的顺序来称呼。而年龄特征主要表现在对人已婚、未婚以及年龄的判断上。如果对非常年轻的女性称呼"大婶"或者是对没有结婚的女人称"太太""夫人"，她们一定会非常反感。

（三）怎样做自我介绍

著名作家张恨水应邀到成都大学演讲。看到台下一双双渴求的眼睛，张恨水先生是这样介绍自己的：

"今天，我这个'鸳鸯蝴蝶派'来到大学演讲，感到非常荣幸。我取名'恨水'不是因为情场失意，而是因为我喜欢南唐后主李煜的一首词《相见欢》：'林花谢了春红，太匆匆！无奈朝来寒雨夜来风。胭脂泪，相留醉，几时重？自是人生长恨水长东！'我喜欢这首词中的'恨水'二字，就用它作为笔名了。"

张恨水先生的演讲以解释自己的名字为开场白，短短的几句话既澄清了同学们心中的迷雾，又和大家拉近了距离，确实是一举两得。

自我介绍是社会交际的必要手段。由于交际目的、场合不同，自我介绍也应当有所差别。有时候，自我介绍的内容非常简单，只需要讲清楚姓名、身份、目的就可以了。有时候，自我介绍的内容需要详细，不仅要讲清姓名、身份、目的，还要介绍自己的经历、学历、资历、性格、专长、经验、能力、兴趣等。为了取得对方的信任，有时还得讲一些具体的事例，尤其是在某些商务休闲场所，我们需要表现自己的优长。

在朋友聚会时，自我介绍可以包括姓名、工作、籍贯、兴趣、共同认识的人等，可以说："你好，我叫王杰，在××公司上班。我是××的老乡，都是洛阳人。"

如果是一般性的社交场合，你应该用最简捷的方式介绍自己，如："你好，我叫王杰。"别的不需要说，否则会显得不分轻重。

在工作场合中，除了介绍名字外，还应该将工作单位及部门、职务或从事的具体工作等说清楚。自我介绍，应注意两点：其一，递名片；其二，说话简单明了。可以这样说："你好，我是王杰，是××单位××部门的经理，具体负责××业务，这方面的事情可以与我联系。"

如果是在讲座、报告、庆典等场合，那么还要加入一些适当的谦辞、敬辞，如："各位来宾，大家好！我叫王杰，是××单位的销售经理。我代表本单位热烈欢迎大家的到来，希望大家……"

（四）强调共同认识的人

人和人之间相处久了，自然会形成一张纵横交错的关系网，两个素未谋面的人也可以通过共同认识的某一个人建立起某种关系。

第一次见面的两个人，由于生疏，难免显得拘束。这时，如果在他们之间有一个共同认识的人来作为谈话的引线或桥梁，那么两个人之间的谈话就能更加舒缓，彼此也增强了信任感。

二、任何人之间都有共同点

无论差异多大的人——出身、工作、学养、性格、贫富、爱好等——

都会有共同点，因为毕竟生活在同一个社会上，面临某些共同问题。与人交往过程中，不要轻易自我设限。

（一）不要有先入之见

在真正见到一个人之前，我们有时会通过一些传闻，对这个人产生某些看法，而且很可能是负面的。这个社会很不正常的一种现象是，如果我们相信传言，那么好人实在是寥寥可数。

先入之见，很不利于人和人之间的交际。在你直接接触一个人之前，你无法准确而深刻地去了解一个人。仅就别人的片面之词而冷落对方，可能会使你失去一个值得交往的朋友，或是一次机会。

（二）了解对方，投其所好

当你准备去拜访一个从未打过交道的重要人物时，应当把这一过程当成一次人生的挑战，事先做好充分的准备。首先，要通过各种渠道了解对方的背景、经历、性格，喜欢什么、不喜欢什么，在正式交往之前，尽量对他的基本情况了如指掌，以求在交往过程中能够扬长避短、投其所好。其次，设想一下所有可能出现的问题，做好以不变应万变的心理准备。最后，在交往之中针对对方的特点有的放矢。最好能让对方产生"相见恨晚"的感觉，从而赢得对方的信任。

清朝末年，醇亲王准备向盛宣怀咨询有关电报的事宜，决定在自己的府邸接见他。

盛宣怀从没见过醇亲王，但与醇亲王的门客张师爷交往甚密，从他那里，盛宣怀了解到醇亲王两方面的情况：首先，醇亲王跟恭亲王不同，恭亲王认为中国要向西洋学习，醇亲王则认为中国人不比洋人差；其次，醇亲王虽然好武，但自认为书读得不少，颇具文采。

盛宣怀了解情况后，就到帝师翁同龢那里抄了些醇亲王的诗稿，背熟了好几首，以备不时之需。毕竟"文如其人"，盛宣怀还从醇亲王的诗中悟出了些醇亲王的心思。

胸有成竹之后，盛宣怀前去拜见醇亲王。当他们谈到"电报"这一名词的时候，醇亲王问："电报到底是怎么回事？"盛宣怀回答："回王爷的话，电报本身并没有什么了不起，全靠活用，所谓'运用之妙，存乎一心'，如此而已。"醇亲王听他能随意引用岳飞的话，不免另眼相看，随即问道："你也读过兵书？"盛宣怀立即谦虚道："在王爷面前，怎么敢说读过兵书？臣下记得，当初英法内犯，文宗显皇帝驾崩，如果不是王爷您英明神武，力擒三凶，大局真是不堪设想啊！"略做停顿又说，"那时有血气的中国人，谁不想洗雪国耻？宣怀也就是在那时候，自不量力，看过一两部兵书。"

盛宣怀三句话不离醇亲王的"本行"，醇亲王很是受用。接着，盛宣怀又把电报的作用描绘得神乎其神。后来，醇亲王干脆把督办电报业的事托付给了盛宣怀。

在与陌生人交流时，一定要顺着对方的喜怒哀乐调整自己。如果总是以自我为中心，就会给人留下自私、没礼貌的印象。如果你在和别人说话时，对方流露出不满、不屑的表情，你应该停下来想一想，自己是否哪里做错了。

（三）关注对方的兴趣和爱好

在与陌生人谈话时，要多注意寻找共同的兴趣爱好，以此使双方话题丰富，充满乐趣，迅速增进友谊。

推销员小赵是个铁杆球迷。一次，在前往山东谈生意的火车上，同座一位山东口音很浓的年轻人和他聊了起来。小赵先是赞美山东人的豪爽性格，接着又谈起山东人讲义气、重团结的品德，后来，话题引到了山东足球上面，二人越谈越起劲。下车后，互相留下了电话和通信地址。在那位小伙子的介绍下，小赵认识了很多球迷，其中好几位后来成了他的客户。

多数人都有业余爱好，有人喜欢钓鱼，有人爱好高尔夫，有人钟情园艺，有人爱听音乐。业余爱好是令人轻松的话题，没有人不喜欢谈。如果你想成为他们的好朋友，只需关注一下他们的爱好就可以迅速达到目的。

不光是业余爱好，对方的特长、性格、阅历等各方面，都值得你去关注，努力从中发现与自己的共同之处，以此为切入点谈起，激发双方交谈的兴趣。

三、百分之百有效：尊重和赞美

所有人都需要尊重和赞美，哪怕他已经功成名就、荣誉加身。而对普通人来说，尊重和赞美更容易受到重视。在交际过程中，赞美对方，是屡试不爽的有效武器。

（一）叫出对方的名字

最能够引起人关注的话语是什么？首先就是自己的名字。能够称呼自己名字的人，尤其是陌生人，肯定会给人以好感。

（二）真诚地赞美对方

与陌生人交流时，要注意观察对方，捕捉对方的优点并予以赞美，这会让对方更积极地回应自己。每个人身上都会有闪光点，只要细心观察总会找到。你可以说："你的衣服真漂亮。"她可能会回应："我也觉得这衣服不错，这是在法国买的，去法国真的有很多收获啊。"接下来，你们的交流会越来越自然、亲切。

有时对陌生人的直接赞美会显得矫揉造作、不伦不类，你可以设想一下，如果与某人刚刚谋面，就说"您的品德真是令人敬佩"或者"您这样的能力，太少见啦"，那么对方以及周围的人，都会感到很尴尬，他们会认为你是个巧言令色的家伙，不值得交往。

赞美陌生人，我们不妨关注与对方密切相关的其他事物。你可以对对方说"你家的花园真漂亮"或是"你画的画很美"。只要善于发现，对方身边的一草一木，都可以成为你们谈话的原料，这类话题自然、轻松，会在不知不觉中拉近你们之间的距离。

让别人喜欢你的方法很多，总的要领是让对方高兴，而不是凸显你自己。好的谈话者，并不一定幽默风趣、辞藻华丽，更不会高深莫测。他们说话的诀窍在于讲一些对方爱听的，或是将正确的信息完整地传达给对方，让对方更清楚明了地投入进去。

（三）提问要有技巧

询问一个十六岁小伙子的年龄，你可以这样问："看你办事挺成熟的，今年应该有十八岁了吧？"未成年人一般都希望自己能成熟一点，所以把他的年龄稍微说大一点儿，他会很高兴。当你看到一个十岁的小孩时，你说："你有七岁了吧？"他会很不高兴，会觉得自己个子很矮小。

除了年龄，询问陌生人职业时也要慎重。当你不知道对方有无职业时，可以问："最近在忙什么？"不要一见面就问对方在哪儿工作。在询问对方学历时，要注意应该从低到高询问。假如对方只是高中毕业，你问他在哪里上的大学，这会使对方感到尴尬。你可以笼统地问一句："你是哪所学校毕业的？"

总之，在询问陌生人的情况时，不要让对方感觉你是在侵犯他的隐私或是侮辱他。同样，当别人询问你的情况时，一定要耐心回答，遇到不想回答的问题，可以委婉地避开，不要生硬地拒绝。

（四）临别感想，留下美好印象

心理学中有所谓"近因效应"，是指在多种刺激一次出现的时候，印象的形成主要取决于最后出现的刺激，即交往过程中，我们对他人最近、最新的认识占了主体地位，一定程度上会掩盖其他印象。对于多年不见的老朋友，在自己的脑海中印象最深的，其实就是临别时的情景。而对陌生人来说，对他们的印象，感性的成分居多，近因效应所发挥的作用更大。

根据近因效应，与陌生人道别时，你可以说："很高兴能认识你，你的话提醒了我很多东西，希望以后还有见面的机会。我想我们会成为很好的朋友。"这会给他留下较深的印象。

第二章

对话场景

第一节

在和谐中争斗

谈判时的说话技巧

很多时候，千言万语都不如一组数据来得有说服力。当你留心记住每一组重要的数据，并在谈判中脱口而出时，你给对方留下的是严谨负责的好印象，能收到立竿见影的神奇效果。另外，如果要让步，应该落在那些无关紧要的项目上，而且让步的幅度要大，让对方无法提出更苛刻的要求。通过己方的让步，逼迫对方后退，己方可以获得更大的利益。

一、对方的目的到底是什么

当坐在谈判桌前，谈判人员最想知道的事情，就是对方的实际需求和真实意图。然而，谈判人员一个个都心思缜密、言语得体，想要从他们嘴里获得信息并不容易，一定要充分做足准备，制订完善的计划。

（一）投石问路

投石问路就是向对方提出假设性的问题，以此来试探对方。比如，可以这样问："假如我方每年增加一半的订货量，你方将会有什么样的条件？"

同时，也可以根据对方的提问，来分析他的愿望。一个精明的谈判者不仅善于投石，也应当善于接石。在对方提出问题时，一定要注意不要对对方的"假如"立即做出回答，这可能泄密，使自己陷入被动。应该根据对方提问的内容设计合适的、巧妙的反问，既保护自己的商业秘密，又探查对方的愿望。

（二）迷惑对方，探得虚实

所谓迷惑对方，就是乘其不备，巧妙探得对方的底牌。

北京一家公司要求海南一家公司前来洽谈业务。正式谈判之前，北京公司为了探得对方拟定的谈判时间，极力表现出一副热情好客的样子，不仅安排对方住进最好的酒店，还盛情邀请他们参观本地的旅游景点和名胜古迹，娱乐行程安排得满满当当。对方洽谈人员感到十分惬意，突然，北京公司提出要帮他们订购返程机票。他们毫无戒备，随口就将自己的返程日期说了出来。

北京公司了解到了对方预留的谈判时间，在随后的正式谈判中占得了先机，使对方在时间调整上陷入了被动。

这也可以称为迂回战术。《孙子兵法》说："军争之难者，以迂为直，以患为利。"意思是说：想要争夺有利的制胜条件，其中最难的是通过迂、曲的途径达到近、直的目的，化不利因素为有利因素。走迂回路线要比直接面对要难，但是更有效。

在比较正式的谈判中，双方可能会各有三人左右。这时，也可以利用自己的同伴来表达不同意见，迷惑并试探对方。你们三人可以故意造成一种纷争的局面，比如说王某和李某是一组，王某提出一种方案，当要和对方具体谈判时，李某打住谈话，对王某说："你的方案，在时间上设计得太紧张，不太适合。"貌似你们内部出现了纷争，其实是把王某的方案试探性地抛出来，试探一下对方的反应。从对方的反应中，探知他们的一些想法，然后李某否决掉王某的方案之后，再提出新的方案。由于在讨论新方案的过程中，我们已经多掌握了对方的某些想法，我们就获得了谈判的主动权。

（三）用提问方式引导

维克多出席一个推销培训会。会上，一名学员突然向他提问："维克多先生，您是公认的全球最好的推销员之一，那么，我可否请求您现场推销一些东西？"

维克多微笑着回答说："你希望我卖什么东西给你呢？"

维克多的话让学员很吃惊，他原以为维克多会滔滔不绝地讲一堆推销技巧，维克多却反而向自己提问。

学员想了一会儿回答："那么，就卖这张桌子给我吧。"

维克多又向那位学员提出了一个看似很天真的问题："你为什么要买它呢？"

那位学员再次感到吃惊。他看了看桌子，回答说："我觉得它看上去很新，外形也美观，颜色也很鲜艳。除此之外，最近，我们刚刚搬到新办公地点，需要这样的桌子。"

维克多没有说太多话，只用几个问题，就让对方说出了购买的原因以及为什么看中这张桌子。

维克多接着问："那么，你愿意花多少钱买下这张桌子呢？"

那位学员有点儿拿不定主意："我很久没有买过桌子了。不过，这张桌子这么漂亮，体积这么大，我想我会花18美元或20美元买下来。"

维克多立刻接话说："我愿意以18美元的价格卖给你。"

交易结束了。这个全球最棒的推销员就是利用提问来控制谈话局面并快速达成交易的。

如果想在谈判中占领先机，就要努力不留痕迹地弄清楚对方的大概情况，以便在谈判中控制局面。可以先从一些简单、基本的问题问起，当对方思想松懈时，随即将话锋转到更实质的内容上，一语中的。

二、展现自身实力很必要

谈判，本质上是一种力量的博弈。虽然各种技巧非常重要，但从根本上说，强大的实力仍然是最有说服力的。这里所说的实力，既包括谈判人员各自代表的实体，也包括谈判人员的能力，即心理素质、思维强度、应变能力、表达能力等。

（一）掩饰自己的主观意愿

拥有过硬的心理素质很重要，喜怒不形于色的谈判对手看上去更有力量。同时，想要让对方看不出自己的真实意愿，还需要言语上的技巧。不妨多看看那些优秀的政治演讲。优秀的政治家在演说时，最常用的开头语就是"我们""我们大家"，虽然是很平常的几个字，却能轻易地让听众投入进去，认为台上的人说的是和他们的生活息息相关的内容。

在谈判时也一样，如果你能让自己所说的听起来像是双方共同的利益，对方就更容易在不知不觉中被你说服。"我们"这种提法很重要，它会让原本设防的心放松防御，不知不觉陷入你的思维里。

隐藏主观意愿的方法，除了模糊自我和双方利益外，还有声东击西的办法。美国著名谈判大师荷伯·科恩曾创造出很多经典的谈判案例。

一天晚上，荷伯的妻子向他提出要求，必须在第二天早上买到一台RCA的具有VHS自由选放功能的录像机和一台SONY牌二十一英寸遥控电视机。这让荷伯很为难，因为大多数商店九点开门，而他已经答应小儿子在11点的时候带他去看足球赛。所以，荷伯根本就没有时间收集有关产品的资料来增加自己的谈判筹码。不过荷伯并不担心，至少他很清楚自己到底需要什么：买到质量好的录像机和电视机，价钱要合理，并且送货上门装配。

第二天早上九点，荷伯逛进了一家空空荡荡的商店，因为只有荷伯一个顾客，所以他和老板约翰攀谈起来。

"你好，老板，看来附近新开的购物中心对您的生意很有影响啊。"

"确实是受到了影响。但我觉得，过段时间，我们的生意还会好起来……"约翰抱怨道，"真不明白为什么大家都喜欢信用卡，他们每使用一次，我就等于多一层损失。"

在看到电视机和录像机时，荷伯流露出了一丝兴趣，他指着一台录像机问道："这东西怎么用？我对电子产品可一点都不熟悉。"

于是，约翰就教荷伯使用录像机的办法，还说道："在那家购物中心开业之前，有很多大公司的高级雇员到这儿，一买就是两三台，可是在它开张之后，就没有这样的主顾了。"

"如果有人一次买两三台，你也像对待大主顾一样打折吗？"荷伯问道。

"当然。买得多自然会有优惠。"约翰回答。

约翰用了十五分钟教会荷伯如何使用录像机，然后荷伯问："哪种牌子的录像机最好呀？"

"就是这种 RCA 的，我自己家里用的就是，很不错。"当时的时间是九点四十五分，两人的关系看起来很亲密，可以直呼对方的名字了。

荷伯说："我不知道这东西要花多少钱，但是，约翰，现在你的生意比较冷清，我希望我多少能帮助些你的生意。这东西的价钱你最清楚，我相信你所推荐的牌子是最好的，也相信你会给我一个公道的价格，我不跟你还价。告诉我一个合理的数字，我现在就付钱。"

"谢谢你，荷伯。"

"别客气，约翰，我知道我可以信任你，我对你开的价格绝无疑问，虽然别的大商店可能有更便宜的价格，但我喜欢和你做生意。"

约翰在纸片上写了一个数字，但是用左手挡住了荷伯的视线。

"我希望你有合理的利润，当然，我也希望得到合理的价格。"片刻后，荷伯又说，"等一等……如果我连这台 SONY 牌二十一英寸电视机一块儿买的话，是不是会便宜些？我记得你提到买得多会有优惠。"

"当然啦!"约翰说,"请稍等,让我把两个价格加一加。"

正当约翰准备把价格告诉荷伯时,荷伯又说:"等等,我想确定一件事。我会付给你对彼此都公平的价格,如果三个月后,我为我们公司购买同样的东西,你依然会以同样的价钱卖给我,对吗?"

荷伯在说话时,察觉到约翰把刚写好的数字又画掉了。

"但是,如果价格不合理,另外两套我就只能换个地方买了。"

"当然啦!我有点事,马上回来。"约翰回来时,纸片上写着另外一个数字。

荷伯接着说:"你提到过不希望用信用卡结账,我本来也是习惯于用信用卡的,但是……付你现金的话,对你是不是比较方便?"

"是啊。尤其是现在,可以帮我大忙。"约翰边说边又涂改了数字。

"你会替我安装吗?你知道,我马上要出差了。"

"没问题,都交给我吧。"

最后,约翰报了价。荷伯明白,这已经是最合理的价格了。

后来,约翰不仅替荷伯装好了设备,还免费赠送了一个放录像带的架子。两个月后,荷伯也兑现了他的承诺,为他的公司购买了相同的产品。因为这笔生意,荷伯和约翰成了交情不错的朋友。

(二)打击对手的优势心理

在谈判中,有时对方会摆出一副过度自信的面孔,觉得自己占尽了优势,有绝对的主导权,甚至可以随心所欲地引导谈判的方向。这时就应该想办法打击他的优势心理,而且要力求一击即中,让对方毫无反击的余地。

在谈判中，如果对方表现出明显的优势心理，你要做的不是胆怯、畏缩，而是要想办法表现得比对方更有优势，让对方感觉到他没有什么了不起。如果对方气焰还是很高，那么就应该在谈判中找到对方的软肋。

为了在心理上处于优势，对方可能会说出一堆绕口的专业术语来虚张声势。这个时候，你千万不要被对方吓住，而是要举重若轻、轻描淡写地换个说法说出来，然后就对他们的术语不予理睬。

如果对方的身份和地位使他们产生优越感，那么，我方在安排谈判人员时，就应与对方的身份地位相适应。对有些牌子老、势力强、国际影响大、有潜在合作发展前景的公司，己方上层领导应出面接待，这样既表示尊重，又可以避免对方的优势心理。

如果对方谈判时间紧迫，那么，我方不如采取软磨硬泡的方式。不论对手气势如何嚣张，以不变应万变，不动声色，让对手尽情发挥。在他精疲力竭、气焰半衰时，你再发动进攻，这样可以达到事半功倍的效果。

如果对方和你一样，拥有充足的谈判时间，那就要在气势上压倒对方。在谈判之前，尽量探寻对手的信息，并确定相应的谈判方式。如果你能了解对手的底细，那么谈判一开始，你就可以提出你的苛刻条件，给对方一个下马威，削弱他们的心气，为后面的讨价还价做铺垫。

（三）抢占先机，先发制人

谈判之前，要努力掌握并分析各种资料，掌握对方没有掌握的信息。这样，在论战中就可以先发制人，掌握攻心的主动权，使对方一上来就陷入被动，最后屈服于你的论证。

沃尔玛在收购某家连锁超市之前，做了大量的信息收集工作。收集到的其中一个重要信息是，在这家超市的某个连锁店附近，即将规划建立一座游乐园，这会带来很大的客流量，使超市的销售额增加数倍。

为了避免夜长梦多，沃尔玛的谈判人员制定了先发制人、速战速决的方针。谈判伊始，沃尔玛就摆出来一系列数据，说根据实际测算，你们每个店面在节假日和非周末时间的客流量是这样的，结合你们近年来业绩一直没有快速增长的实际情况，判断在未来三到五年你们的销售额和盈利能力也不乐观，基于此我们给出了一个比较合理的收购价格。

在沃尔玛的一系列数据面前，对方的气势一下子就被压制住了。但是他们不肯轻易就范，对沃尔玛的开价表示不能苟同，宣称股东们是不可能接受这样的价格的，希望再加价百分之三十。

百分之三十的涨幅完全在沃尔玛的接受范围内，但是他们没有立刻同意，而是表示无法接受，必须向上请示。午休时间，沃尔玛的对手有些着急，下午一开始，就表示百分之三十如果不行，可以再商量。沃尔玛的谈判代表说经过请示，董事会给出的限价是可以在原来出价的基础上提高一个点，就是增加百分之一。

被收购方有些气馁，但最后不得不接受了沃尔玛的出价。过了半年，规划中的游乐园项目开始建设，被收购方后悔不迭。

沃尔玛在前期工作和谈判过程中抢先了一步，于是步步主动，主导了整个谈判的局面，获得了这次商业谈判的巨大成功。

如果对方抢先一步，对你是十分不利的。抢先一步需要大量的提前准备工作，无论是在信息上，还是在造势上，掌握了先机，就代表着主动权的天平已经倾向了你。在实际运用上，要控制节奏，持续打击对手，步步进逼，不给对方后发制人的机会，直到把口袋完全收紧。

（四）抢先说出对方可能说出的意见

在谈判前要做充足的准备，不要对谈判的材料一知半解，要对自己的方案研究透彻，尤其是不足的地方，要想出弥补的办法，不要让对方有机会抓住漏洞。试想，如果在谈判过程中，对方发现了你的方案中有某些不足，问你如何解决时，你支支吾吾不能答出个所以然来，对方会怎么想、怎么做？对方一定会以此压制、攻击你，逼迫你让步。

如果你能在对方提出异议之前，抢先一步把己方的不足以及解决办法说出来，那么对方就没有出口反驳的机会。

韩国某汽车公司刚刚进入英国市场，亟须找一个英国代理商来为其推销产品，以弥补他们不了解英国市场的缺陷。

在与一家英国公司谈判时，韩方谈判代表因为堵车迟到了，英方打算抓住这件事紧紧不放，希望以此获取更多的优惠。

谁知韩方代表一进谈判会场，就立即向英方谈判代表道歉，并指出自己是由于堵车而迟到。为了表示歉意，韩方愿意延长谈判时间。

英方本想就此做文章，现在一下子成了泡影。于是，英方又准备从价格入手，因为韩方汽车质量虽好，但是价格偏高。

可是韩方谈判代表说话了："首先，再次抱歉耽误了您的时间。其次，我们有个声明，这次谈判只涉及数量和质量，价格绝对不会改变，如果你方不能接受，现在就可以结束谈判。"韩方一席话让英国代表哑口无言，英国人也不想失去这次赚钱的机会，于是谈判顺利进行下去了。

在这场谈判中，英方本想借韩方迟到一事，从中获取谈判优势，但是韩方在英方开口前抢先把过错说了出来，并提出了应对措施，让英方的计划无法施展。因为有了这样一个基础，双方的谈判就能够在全新的基础上开展，英方没有占据主动权。

在谈判中，无论怎样，都不要让对方抓住己方的把柄，否则对方会顺势提出苛刻的条件，使己方陷入被动。

（五）灵活运用精确的数字

很多时候，千言万语都不如一组数据来得有说服力。数字是说服对手的最有效武器。当你留心记住每一组重要的数据，并在谈判中脱口而出时，你给对方留下的是严谨负责的好印象，能收到立竿见影的神奇效果。

美国学者达雷尔·赫夫在《怎样用统计说谎》一书中讲道："人们可以在合适的范围内任意操纵甚至歪曲统计资料。统计学家通常要在多种方法中进行选择，找到用来如实陈述的方法，而选择本身则是一个主观的过程。"他的基本观点是，虽然统计是以数学为基础的，但它既是一门科学也是一门艺术。作为一门科学，它具有准确性、真实性，是谈判的有利根据和武器；作为一门艺术，它又带有主观色彩。

当然，谈判并不是考试，没有必要将涉及的所有数字背得滚瓜烂熟，只要记住有利于谈判的关键数字就行了。

1972年，来自纽约的一位女国会议员举办演讲，她说："几个星期前，我在国会倾听总统的发言，和我一起听讲的有七百多人。总统说，这里云集了美国的全体高级官员，有众议员、参议员，还有最高法院的成员和内阁。我看到在这七百多人中，只有十七人是女的；而在四百三十五名众议员中，只有十一人是女的；在一百名参议员中，只有一人是女的；而内阁成员中没有女的，最高法院中也没有女的。"

这位女议员演讲的主题，是希望在政治生活中，妇女有和男士同等的地位。她的演讲有明确的数据，让人一目了然地明白。

在人们看来，数字是客观和科学的，所以数据也是谈判中具有说服力的论据。

随着越来越多的谈判人员对数字的重视，那些被摆上谈判桌的数字难免也会有欺诈的可能。作为谈判者，如果要运用数据，就应该严格分辨并灵活运用，以免对方找到漏洞。

同时，如果对方提供数据，你也应仔细分辨，不可盲目信从。你可以在数据的来源上寻找突破口："请问，这些数据是从哪里得到的？准确吗？"如果对方并不是从正规渠道得来，或者数据并不精准，那么，你就会找到反击点。如果数据来源正规，准确可靠，你也可以问他，这些数据是什么时候统计出来的，如果是很久以前，对谈判也不会产生影响。

（六）怎样应付对方的扰乱

对方的扰乱，有的是通过眼神，有的是通过语言。在谈判桌前，谈判对手会用语言来扰乱你的思维，等你被他天南海北的胡扯搅和得一脑子糨糊之后，对方再说什么，你也无法再组织出有力的语言进行反击了，谈判的形势一旦成了一边倒，结果不言而喻。

在电影《永不妥协》中，艾琳所在的小律师事务所代理了加州辛克利的四百多位居民的委托，起诉电力巨头太平洋公司随意排放含有剧毒的废水，造成居民们的健康损害。当法庭驳回了太平洋公司答辩后，太平洋公司的大律师们来找罗伯茨商谈赔偿款的事。谈判一开始，大律师就提出两千万美元的数额，妄图用这个巨额数字来扰乱罗伯茨。但是罗伯茨丝毫不为所动，而是列举了很多被剧毒废水伤害，以至于子宫切除和脊椎退化的境况，她对大律师们说："桑切斯小姐，你认为你的子宫值多少钱？巴克先生，你认为你的脊椎值多少钱？如果你们不把两千万的数额再乘以一百的话，我认为我们现在坐在这里是浪费时间。"艾琳不为对方的扰乱所动，最终达成了三点三三亿美元这一美国历史上最高数额的赔偿金。

扰乱是什么？是一种迎面袭来的气势，是一种步步进逼的环境。怎么去打破它？《倚天屠龙记》中张无忌修炼的《九阳真经》中有这样一段话："他强由他强，清风拂山冈；他横由他横，明月照大江。"这就是说，哪怕你暴风骤雨，我自岿然不动；坚持原则，以我为主，用坚忍的意念打破对方的干扰，用无为胜有为，才是最终制胜之道。

三、陷入僵局怎么办

谈判时，双方都希望对方是好相处的、随和的人，但是日常工作中，这样的情况并不多。有时候，当你想把谈判对手当成朋友一样时，对方却根本不买你的账，态度一点都不友好。即使面对这样的对手，谈判也不能终止。因此，要有与这样的对手谈判的技巧。

（一）要沉住气

当谈判陷入僵局，一定要沉得住气。有些谈判人员遇见这种局面，总忍不住想打破僵局，说一些"破冰"的话，而这些话很可能会让对方分析出你的意图以及底线。

对于这种难以应付的对手，一定要守住自己的心理阵地。当然，这是有前提的，那就是你了解对方，有信心和对方杠到底。

A公司与B公司谈判，主题是关于一批设备的购买。在谈判中，卖主B公司报价两千二百万元，A公司不同意。经过一番讨论，降至一千一百万元，A公司仍不同意。

B公司谈判代表显得很愤怒，宣称可以再降一百万元，如果一千万元不成交就放弃交易。A公司谈判代表因为掌握了B公司的相关情报，所以不为B公司的威胁所动，坚持让B公司再降价。双方谈判进入僵局。最后，B公司愤然表示，再不接受，就放弃谈判。

A公司毫不让步，B公司离席，谈判结束。

几天后，B公司代表又回来继续谈判。此时，A公司代表摊牌了，他们拿出了最关键的情报：B公司两年前以九百万元将同样的设备卖给了C公司。B公司哑口无言，最后以900万元达成交易。

在这次谈判中，B公司想用强硬的姿态逼迫A公司就范，但是A公司拥有精确的情报，所以毫不妥协。在这场僵局中，任何一方先服软，都会让对方有非分之想，造成己方的损失。

（二）不回避问题

不要避开提问，不要含糊地回答问题。躲躲闪闪的交流方式，只能迫使对方反复提问，徒然浪费时间，而根本问题最后还是回避不了。如果你总是含糊回答，对方也许会以其人之道还治其人之身，一样不明不白地回答你，这样一来，谈判就失去了意义。双方既然能够坐下来谈，必然是想解决问题，不是来打太极、吐口水。虽然双方都会采用某些技巧，但总的说来，还是希望能够落实谈判的主题。

回答问题越直接越简短越好。如果听不清对方提问，要问清对方的准确意思后再回答。一个好的谈判应该是个好的提问者，很清楚自己要问什么，想知道什么。

回答问题要显示诚意，并表明你有足够的权力，能够代表己方发言。谈判中，对方最不想听到的一句话是："对不起，这事我做不了主。我得回去把您的意见反映一下，如果领导同意，我们会尽快给您答复……"只有在极其无奈的情况下，才能出此下策。

（三）适度宽容，以退为进

面对不喜欢讲道理的谈判对手，如果以恶制恶，常常会闹到不欢而散的地步。这时，不妨换一种方式，宽容大度地面对对方的无理，也许会达到以柔克刚的效果。

商场里，一名中年男子气势汹汹地走到柜台前，拿着一口锅要求营业员退货，而那口锅看起来已经很旧了。

中年男子粗声粗气地说："用了一个多月就坏了，这是什么假冒伪劣产品？我要退货！"营业员本想跟他解释，他却大声嚷嚷起来，威胁说："我来了你就得给退，要不然我就站在这里告诉所有顾客！我还要去告你！"营业员不想让围观的顾客误会，为了尽快平息纷争，他对中年男子说："这口锅没有质量问题，而且您已经使用一段时间了，按规定是肯定不能退的。如果您一定要退，那就卖给我好了。"营业员做出掏钱的姿态。中年男子见状犹豫了，觉得在众目睽睽之下，真的很没风度。最后，他并没有收下营业员的钱，拿着锅悻悻地离开了。

有时候，退一步，真的会海阔天空，营业员用自己的大度让中年男子自惭形秽，最后无功而返。这种以退为进的方法，用在正式谈判中，也一定会产生意想不到的良好效果。

中国象棋上有许多"以退为进"的策略，这也可以运用到我们的人际交往或者工作谈判中。比如，经理给小李一项难度很大的任务，并要求他百分之百完成，但小李理性地分析之后，确认自己根本没有百分之百完成的能力，只能完成百分之七八十，但是不接受这项任务似乎又不行，于是便答应经理只能做到百分之七八十。经理感到小李已经做出了让步，也自觉降低了工作要求，不再坚持百分之百完成。

如果小李当时跟经理据理力争，难免会引起矛盾，最后，经理甚至可能以命令来压制。而小李在经理的命令还没有完全下达之前，自己先表现出让步的姿态，不但避免了经理的情绪，而且达成了最好的结果。

这种让步，应该落在那些无关紧要的项目上，而且让步的幅度要大，让对方无法提出更苛刻的要求。而且，己方的让步，逼迫对方后退，己方可以获得更大的利益。

（四）让对方放松

好的谈判，不见得需要咄咄逼人。应该尽量让对方放松。

让对方放松的第一点，就是不要强求对方回答自己的问题。谈判时，对于你提出的某些问题，对方可能一时不知怎么回答，这时，你不要强求对方给出答案，否则容易造成冲突。你不如把对方无法回答的问题，换一种逻辑再次提问，或者把问题分解成多个小问题，通过各种间接信息来了解对方的意图。

让对方放松的第二点，是要给对方充足的回答时间。在提出问题时，如果过于急迫，不给对方喘息的机会，会让人觉得你方咄咄逼人，不够友好。如果你言语过快，那么整个谈判气氛就会被破坏，以至于对方根本就不想回答你的问题，或者故意回答得模棱两可，不知所云。除了语速、发问频率要注意之外，还要注意，当提出问题后，最好不要再说话，而是耐心地等待对方回答，当对方看到你不再说话时，就不得不发言来打破沉默。

让对方放松的第三点，是努力打消对方的顾虑。如果对方对你过度防御，那么你可以直接提问："您为什么要这样说？"或者："您心里的疑虑是什么？"也许对方对你之前提出的方案有误解，如果你不直接询问，这些误解可能会埋下来，成为隐患。

（五）暂时退让，避其锋芒

有些客户的不友好表现在固执己见上，他们根本不想听你的方案，只想让你帮他解决问题。对于这种具有强烈的自我意识的客户，如果你的观点恰好和他相反，那么你最好不要过于坚持，而是佯装顺从，绕过障碍解决问题。当客户想知道怎样让自己的机器速度更快时，你却建议他放慢速度，注重产品质量，这显然会让对方更加恼怒。

应付固执己见的客户，应该声东击西，先顺从他，按照他的想法帮他分析，然后把分析结果告诉他，让他明白自己的建议不合理。

林先生是一家超市的老板，他态度谦和，店里的客户大部分都是回头客。一天，员工小王和客户发生了争执。

那位顾客看起来脾气不大好，气冲冲地对小王喊："我已经把钱给你了，你为什么还朝我要，太没道理了！"

"可是，我并没有看到钱，我这里根本就没有你的钱！"小王反驳说。

顾客更生气了，指责小王收了钱却不认账；而小王觉得自己没错，也据理力争。双方大吵起来。最后，小王当着所有人的面，要求那位顾客随他去监视室，并且有点儿不屑地说："我们一起去看看现场录像吧！一看录像就清楚了！"

那位顾客虽然很不情愿，但还是跟着去了。录像显示：当这位顾客把钱放到桌子上时，前面的一位顾客顺手牵羊给拿走了。看完后，小王坚持要顾客交钱，顾客交钱后气愤地离开了，扬言再也不会到这家超市买东西。

林先生知道这件事情后，立刻做出开除小王的决定。小王不服，觉得自己没有错，他希望林先生能告诉自己，到底怎样做才是正确的。

林先生说："如果是我，我会改变自己说话的态度。虽然我知道自己对，但我也不会说他错。我会说：'先生，我忘了把您交给我的钱放到哪里去了，我们一起去看一下录像好吗？'你把他的过错暂时揽到自己身上，他就不会被伤到自尊心。在弄清楚事实真相后，你还应该安慰他、帮助他。"

在埋怨对方态度不好的时候，先要审视一下自己的言语是否同样不友好。在对方固执己见的时候，要看看能否暂时认同他，然后顺着他的思路去发现他的错误。

有时候，我们必须说服对方答应一个看起来很苛刻的条件。这种情况很容易陷入僵局。如何处理这种难度很大的问题呢？不妨先换位思考一下，先诚心诚意肯定对方，然后适当退让，以期互相理解。

老张是机械加工厂的老板，经常把部分零件的加工外发给一家小工厂来做。一次，小工厂交回来的零件不合乎质量要求，老张要求他们重新加工，但小工厂的负责人说，这批零件是完全按照老张的要求做的，质量上没法再精了。

双方僵持不下。老张看到无法说服对方，于是换了种口气："我刚才在脑子里把这件事又过了一遍。质量没上去，的确有可能是我们在设计上考虑不周，让你们也跟着受牵连，实在抱歉。只是事到如今，半拉子零件有什么用呢？总得把它完成吧。你们不妨再努力一次，加工得更完善一些，如果结果还是一样，我照单全收，我认赔！不过，要是精度能上去，对我们双方都有好处。所以还是得麻烦你们，再多下些功夫吧！"

小工厂的负责人见老张如此诚恳，爽快地拍胸脯说："既然张总做事这么大气，兄弟我就再回去试一回！"

结果，零件的精度上去了，双方皆大欢喜。老张通过退一步进两步的方法，打破了僵局，让对方接受了比较苛刻的条件。

按照中国古代的说法，凡事都讲究个气场，试想两个争执不休的人之间只剩下了"气"，没有了承载"气"的"场"，"气"淤积在一起，双方都没有回转的余地。这时，如果一方选择后退一步，距离拉开，"气"就会在场地间自由流转起来，事情就有了转机。

第二节

五分钟展示自己

面试问答注意事项

如果你觉得招聘方是在处处找你的短处，找你的麻烦，那么你就会不由自主地掩饰自己的短处。这样一来，短处还是那么短，长处却不见了。所以，按照人力资源业内的说法，面试中最重要的，是表现，而不是回避。

一、面试言谈有规范

面试最重要的就是要做到准确表达，准确讲述自己的工作经历，准确分析自己的优势，准确说出自己的求职意愿。

（一）打招呼与告别

进入面试考场，第一步就是打招呼，这一步很重要，因为这是你给面试官留下的第一印象。想要做到恰当、礼貌，你可以这样说："您好，我是××，来应聘贵单位的××职位。"其重点，是名字和所求职位，让面试官一目了然。

由于近因效应的影响，面试官对于求职者告别时的表现也会记得很深刻。告别时最好的做法，是缓缓站起，把刚才坐的椅子扶正，然后与面试官握手道别："谢谢，请多关照。希望有机会到贵公司工作。"然后拿好随身携带的物品离开，在出去之前要转向屋内，有礼貌地鞠躬行礼或点头示意，说："再见！"

（二）自我介绍

所有的面试都会问这个问题，目的是看你的语言表达能力，从表达中看你的思维能力。曾国藩在《冰鉴》中说："条理看言谈。"就是通过言谈看思路是否清晰。自我介绍，似乎非常容易，没有规定范围，也没有什么特定的要求。实际上，这时候最需要思考先说什么，后说什么，侧重点在哪里。否则面对这个问题，会发现无从谈起。

个别面试者在面对"自我介绍"这个问题时，会说出"简历中都有"之类的话。如果是这样，说明他根本不知道面试官的用意。正确的做法：根据简历，事先写好一份自我介绍的文字材料，并将它熟记下来。尤其是梗概、要点，更要牢记。这样你在临场的时候，就会非常从容了。

自我介绍的时间，一般是两分钟左右。发言者一定要遵守时间，不能超时，也不能说两句就结束了。应该言简意赅，重点突出。

介绍的时候，结合所要应聘的岗位，将自己的职业方向、专业、技能穿成一条线，然后分几块组织语言，让别人感觉到你就是为了这个岗位出现的。当然也不能说得太过，不能夸夸其谈，言过其实。能力适合岗位就好，如果你介绍的能力远远高出岗位要求，人家就不敢要你了，因为你不会安于现状，随时可能跳槽。企业招人，肯定是招基本符合岗位要求的人，能力略微超出或者稍差一点儿，都可以考虑。要的是最合适的，不一定要最优秀的。

（三）如何评价自己

面试官："你有什么优点？"

应聘者："首先，我的文字处理能力比较强，对一篇文章架构的把握很准，我可以很快理解作者的意图。"

面试官："你的缺点是什么？"

应聘者："我编辑图书的经验不是很多，但是，我会积极学习，争取在短时间内迅速提高自己的能力。"

以上面试，求职者应聘的职位是图书编辑。应聘者的回答也许不是最好的，但传达出的信息都是有利于求职的：文字处理能力强、能准确把握文章架构、理解作者意图，都直接涉及编辑工作的具体内容，正中用人单位下怀；经验不多，并非真正的缺点，只要工作一段时间就能积累。

如果要介绍自己有什么优点，不能回答"我很诚实"或者"我很乐观、开朗"之类，这种回答不具体，而且与岗位没多大关系。如果说缺点，一定要在说完之后进行补充说明，表明自己打算怎样克服这些缺点。这会让人觉得你积极主动，很上进，而且你有自我管理能力。

如果面试官请你用几句话来评价自己，你可以从以下几方面阐述。首先，从自己所学的专业知识说起，这个专业我最擅长什么，达到了什么样的水平。接下来，谈谈自己的做事态度，我做事比较积极、刻苦、认真。这样回答，并不是夸耀自己，而是将自身的价值、自己的"含金量"展现出来。然后，从职业道德角度去谈，我是很负责任的人，我会积极完成自己的工作，踏踏实实地把工作做好。最后可以说，我是值得信赖的人，善于与人沟通，乐于与人合作。

重点表现自己的"德"和"能"两方面，不用像自我介绍那样花那么长时间。

自我评价的内容，必须与你应聘的职位是贴近的。比如说，应聘客服专员，这个职位需要从业人员具备很好的沟通能力，如果你评价自己"比较内向"，那就很可能没戏了。你可以换种说法："我很有耐心，虽然不善于主动发言，但是善于倾听，愿意帮助别人解决问题。"如果你在某方面很优秀，一定要把优秀之处说出来，自己不说，没有人会特地挖掘你的优点。

面试官问："你有什么缺点？"

谈自己的缺点时，要适当地避重就轻，但是要把握好度。有的人这样介绍自己的缺点："我的缺点是过于追求完美。每件工作，我都想做到尽善尽美，精神压力很大。还好，最后的结果还不错。"这样的回答，会给面试官留下"油滑""不真诚"的印象，聪明反被聪明误。

即使谈缺点，也应该尽量往你所应聘的职位上说，比如，"自己的实际操作能力弱一些，要加强这方面的锻炼"；或者"某方面的知识比较薄弱，需要补充学习"；或者"因为刚毕业，对这个行业的了解还不够全面，准备也不够充分，我会努力学习，尽快赶上去"。这种回答是真诚的、合理的，虽然显露了缺点，但也表达了你积极向上的态度。

切忌把自己说得很完美。任何人都有缺点，如果你找不到自己的缺点，那么只有两种可能：第一，你不善反省，没有能力发现问题；第二，你发现问题不敢说，实际是在包庇自己。企业管理中有一句话："如果你不能发现企业的问题，那你就是企业最大的问题。"同样，如果你不能发现自己的问题，那么你就成了最大的问题。

面试官问："你觉得，你为什么能胜任这个职位？"

首先从自己的爱好角度回答："特别喜欢这份工作，这个岗位的具体要求都是我的特长。"或者："我的性格很符合条件，虽然工作能力暂时还不能达到很高的标准，但综合能力我是合适的。"其次，从自己的专业能力角度回答："我专业知识掌握得特别好。"最后，从对岗位的认识角度回答："觉得这个岗位非常重要，愿意从事这个职业。"如果家人也从事同样的工作，可以提出来，这也是一种优势。

比如，应聘会计岗位，用人单位要求有会计专业本科学历，那么你可以用这样的思路来回答："我特别喜欢这个职业，我父母也是干这行的，他们给我的影响很大，使我在读大学之前就对会计工作有了深厚的感情。毕业后，我在××公司工作过三年，获得了很好的锻炼，对会计工作有了具体的认识。会计工作非常重要，我希望在这方面有所发展。"这种回答是无懈可击的，从各个角度来说你都是最合适的。

（四）关于工作经验

在回答这一问题的时候，你最需要做的就是将你显而易见的优势展现给面试官。如果其他的求职者比你学历高或者工作时间长，那么你就更需要把自己的工作业绩展现出来。

你可以参考一下这样的回答："前不久，我刚刚结束了会计师方面的培训。我在以前的企业里有一年多的工作经验，从那里，我学会了很多处理财务的具体方法，并且在老板不在时，参与过小型企业的管理，并创下了很好的业绩。另外，我本科的时候，曾经系统地学习过电脑编程方面的知识，对电脑语言非常熟悉，可以熟练地进行各种编程工作。我希望贵单位能够给我一次机会，我一定会将我所学习过的知识综合地应用起来，更加努力地工作。"

这种回答强调了应试者本身的实践技能、知识基础，这对参加工作时间不长的人来说是非常必要的。在这种情况下，即使是学校里学习到的知识，你也要详细地介绍一下，并且予以强调，相信会收到很好的效果。

此外还有一种回答方式："在以前的工作中，我掌握了大量的实践知识，曾经多次使用贵单位所要求的技术。尽管所在的企业不同，但我已经具备了很强的实践能力。在我工作期间，产品的成本比过去降低了百分之三十左右，每年的销售额比过去上升了百分之二十八，利润也有大幅度提高。正因为如此，我才能在之前的单位由一个小职员很快升到了管理层。这次我来应聘贵单位，就是想与贵单位一起发展，接受更大的挑战，我的经验已经为我打好了最重要的基础。"

这一回答将自己成功的经验鲜明地表达出来，并希望自己能在新的单位继续接受挑战，因此也是不错的回答样本。

（五）如果这份工作很辛苦

当走进将要面试的单位，有些求职者会情不自禁被单位的环境、氛围所吸引，从而迫切地想留在这里工作。当你有这种想法时，完全可以在面试过程中表达出来，让面试官了解你的心情和决心。

每个单位都希望自己的员工对工作充满热情，这样才能发挥能动性。当你向面试官表达清楚你的意愿后，他们也会对你稍加留意。表达心中意愿不是只有单刀直入这一种方法，有时，间接的表达更加深入人心。

迈克尔·法拉第是英国杰出物理学家、化学家。他家境贫寒，未受过系统的正规教育，却在众多领域中做出了惊人的成就。关于法拉第，有这样一段故事，讲的是法拉第和他的导师戴维爵士的一次面试，因为这次谈话让他顺利进入了英国皇家科学院工作。

戴维："很抱歉，法拉第先生，我们的谈话可能随时被打断。不过到现在为止，你还是幸运的，仪器一直没有爆炸。你的信和笔记我已经看过了，可是你在信中并没有写你在哪里上的大学。"

法拉第："我没上过大学，先生。"

戴维："怎么会？你做的笔记说明你对这一切很清楚，没有上过大学怎么会懂得这些知识呢？"

法拉第："我会在工作之余尽可能地多学一点儿东西，我还在自己的房间里建了一间小实验室。"

戴维："是吗？你让我很感动。不过，你并不真正了解实验室，才愿意到这里来。这里很艰苦的，要付出极大的劳动，却只有微薄的收入。"

法拉第："不过对我来说，能做这份工作，本身就是一种报酬。"

戴维："哈哈哈，你看我的眼睛旁边，这里有一条伤疤，是做实验时氢气爆炸留下的。我想，你读的那些书不会让你遭遇这样的事情吧？"

法拉第："是的，我没有碰到过这样的事情。但是，每当我打开我想看的科学书籍，它的目录常使我目瞪口呆、神魂颠倒。"

戴维心领神会，他很愿意收下这样一位执着、对科学实验有热情的年轻人。

面试时，面试官也许会说："这份工作很辛苦！"刻意强调工作是多么困难，需要付出艰辛的劳动，甚至要牺牲大量的业余时间。这时，你不要被他口中的困难吓倒，没有什么工作是轻轻松松就能完成的，尤其是当你遇到中意的工作时，更要执着追求，尽最大努力表现自己对工作的渴望。

（六）具体地表现自己的个性

一个人的性格如何，光是通过语言表达出来是不够的，还应该尽量具体化，这样才会给人以最深的印象。

鲍勃·霍伯是美国的国宝级笑星，他的表演精彩幽默，是其他脱口秀明星难以望其项背的。鲍勃并没有受到过正规教育，高中二年级时便辍学了，由于他一心梦想着成为明星，于是小小年纪的他只身一人来到好莱坞寻找机会。

刚到好莱坞的时候，他跟其他人一样，填写履历、参加面试，可是连续参加了好几家电影公司的面试，面试官都毫不留情地拒绝了他，很多人安慰他说："你年纪太小了，等长大些，再来试试看吧。"

好莱坞所有的电影公司，除了最后一家，其他的都已经被鲍勃跑遍了。鲍勃心里很难过，可是为了圆自己的明星梦，他决定再去试试，不管用什么方法，一定让那些难缠的面试官接受自己。

经过一番调整后，鲍勃终于推开最后一家电影公司的大门，来到面试办公室，几位面试官个个西装笔挺，但是神情疲倦，看起来已经对这些面试者失去了耐性。一见到鲍勃走进办公室，一位面试官就不客气地直接告诉他："你的资料我们都看过了，我们不想听你多说废话，你自认最擅长的表演是哪一项？简短回答！"

这种问题，正好对鲍勃的胃口，他很快回答道："我最擅长的表演，就是让人捧腹大笑！"

面试官一脸不屑地道："让观众笑？你有这种本事？那好，你现在就给我们当场表演，越快越好！"

鲍勃本就不是按常理出牌的人，当下他毫不犹豫，转身打开办公室的门，对着外面的其他面试者大叫："喂，你们都可以回家吃饭了，他们已经决定录取我啦！"

就是这次面试，让鲍勃·霍伯敲开了通往巨星之路的大门，他用生动的例子把自己的个性和天赋展示给面试官，这种做法对面试来说是非常有效的。

在面试中，如果你也想让自己的个性和才能被面试官所发现，不妨拿出具体的事例来，让他们亲眼看到你的实力。

（七）表现，而非回避

用人单位选人的原则，是"人尽其才，用人所长"。把合适的人放到合适的位置，用人就要用人所长。人无完人，应聘者有缺点不怕，关键要把优势展现出来。

那么，到底应该表现自己哪些方面的优势呢？首先，要准确了解岗位要求，然后对症下药。如果这个岗位需要策划能力，那么你就要表述自己这方面的能力。每次面试，都是有重点的，你的回答必须围绕这个重点。用人单位关心的内容，你要展开说，稍微超出这个岗位的要求也可以。招聘经理问问题的时候，他心里往往已经准备了一个答案。如果你的回答不但说到他心里，而且超出他的期望值，你肯定会被另眼相看。

面试时最重要的，并不是弥补短处，而是展现长处。很多求职者不懂这一点。比如说，应届毕业生大谈自己的工作经验，职场老手非要强调自己自考本科在读，学中文的非要说正在考英语六级……实际上，这些"补短"措施毫无意义。试想，既然公司让你来面试，就说明你的短处根本不影响你的录用。再说，你的短处，即使经过弥补，就能与其他人抗衡吗？如果我要招有工作经验的，那我何必让应届生来面试呢？如果我要招高学历的，又何必让大专生来耽误我的时间呢？如果我要招翻译，专业八级有的是，何必招普通六级呢？

一句话，面试中最重要的，是表现你的长处，而不是弥补你的短处。

有些求职者总是不由自主地弥补自己的短处，这与一种对立的心态有关——与招聘方对立的心态。如果你觉得招聘方是在处处找你的短处，找你的麻烦，那么你就会不由自主地掩饰自己的短处。这样一来，短处还是那么短，长处却不见了。所以，按照我们业内的说法，面试中最重要的，是表现，而不是回避。

（八）学会提问

在应聘过程中，求职者不是被动的，也可以提问，但提问不能漫无目的，而是要围绕岗位。在考官面前，你的反应速度，你的能力，你的心理素质，都是在跟他博弈，如果你能胜了他，那么就离成功不远了。

面试的时候，招聘经理可能会问："你还有什么问题吗？"这是在给你机会。这句话的意思，一方面表示"我准备结束了"，另一方面是"我给你几分钟"，他是要看你会不会问问题，如果你会问，那么招聘经理对你的印象会好一些。如果你不会利用这几分钟，说"我没问题了"，那么他会提前让你走掉。机会在你面前，一定要把握住。如果想打动招聘经理，提问就必须有深度。没有经验的求职者会问："你们几点上班？几点下班？""是双休吗？"这类问题根本不用问，如果你被录用，自然会知道。

什么样的问题合适呢？第一，与企业文化相关，或涉及企业的价值观；第二，跟具体的工作岗位相关。这才是有价值的问题。如果在刚才的面试中，你对某个问题的回答不是很充分，或者你现在有了更好的想法，你可以趁这个机会补充说明。如果你觉得这次面试没戏了，可以向面试官咨询："某某问题，我回答得好还是不好？""我有什么弱点和缺点，可否指出？"这些都可以。

问题要有水平，但是得注意分寸。有人问："公司明年的发展战略是什么？"面试官只能说："对不起，这不是我能回答的问题，这是我们董事会要考虑的事情。"问题不能太高，不能越界。有人问的问题太大，大而无当。你要随时牢记：问题必须和岗位有关。

一位做人力资源的同行讲过这样一个故事：某个女性求职者，应聘翻译职位，各方面条件都不错，以前是中学英语老师，长得很清秀，英文发音标准，待人谦恭有礼，可是，招聘经理周力觉得她不行。

"她哪里有问题？"我问周力。周力回答："很简单，她遇到不明白的，不提问。这说明她还不成熟。"

另一个求职者进来了，是个女孩。周力把中文稿子递给她，她看了看，问周力："在翻译这段短文前，我可以请教几个问题吗？"

周力笑道："当然可以。"

"文中几次出现'综合区'这个词，可以译为 comprehensive zone 吗？"

"应该是 compound。"

周力轻声对我说："看到了吗，这才是专业。不问问题表示不老练。"

女孩轻声翻译了那段短文，看得出周力挺满意。

周力问："其实我们部门正在招两个职位，一个是翻译，一个是联络协调员。你觉得自己适合哪个？"

我暗自替女孩捏把汗。因为有次面试，周力问这个问题，对方回答说："我非常想进你们公司，只要能进来，做什么都行。"结果被周力给否定了。

可是这个女孩很厉害："请问，联络协调员是做什么的？"

周力很满意这个问题，就解说了一通联络协调员是做什么的。我也觉得女孩这个问题有水平，如果对于职位都不清楚，就拒绝或接受，未免太盲目了。

最后女孩成了我们公司的翻译。

二、注意：敏感话题

在面试中，面试官常常会冷不丁地提出一些让你进退两难的问题。

他的目的无非是想检验一下你随机应变的能力。所以即使对方的问题让你如坐针毡，你也一定要沉着冷静，稳定好自己的情绪，千万不能乱了手脚。这些问题通常是：

（一）为什么离开原单位

面试官往往会问这样的问题："为什么离开原来的公司？""怎么评价过去的领导？""怎么评价过去的公司？"一些求职者会骂："原来我们公司的领导什么都不懂！"大多数面试官会最快地让这个人走掉。

不管原来公司的领导如何，他多少会给你的工作带来一些帮助，如果你把他骂得狗血喷头，那么将来你离开我这家公司，你也会同样骂我。企业不要这种人。

我们应该有感恩之心。应该对从事过的工作、原来待过的公司、指导过自己的领导、共同奋斗过的同事，都心存感激。应该多看别人的长处。可能有人这么想："原来那个领导整天批评我，整天找我麻烦。"虽然当时你觉得是在"找麻烦"，可回过头来看，你有没有获得锻炼呢？你有没有得到帮助呢？

在面试中，不论你对之前的单位有多大的不满，不论面试官用怎样的手段诱惑你说出对前单位不利的话，你都一定要咬紧牙关。如果实在有必要，你可以说你和前单位在一些意见上有分歧，但千万不要进行言语上的攻击。

你的解释要做到有理有据，还不让自己的形象受损。曾经有一个面试成功的求职者在回答这个问题时，是这样说的："我离职是因为这家单位倒闭了。我在这家单位工作了三年多，很舍不得离开，可是在经济危机的打击下，单位已经无力维持运营。不过，我必须面对这个现实，我希望在新的工作岗位上能发挥自己更大的作用。"

总之，回答这个问题要从维护各方形象入手，可以这样说："我想寻找一个更大的发挥空间，充分发挥自己的能力，也做出更大的贡献。可惜那份工作未能满足我。"照顾了各方的面子——原单位、你自己，更重要的是不留痕迹地赞扬了正在面试的新单位。

说人是非者，必是是非人。凡是以鄙夷的口吻、自大的姿态，把别人骂得狗血喷头的人，他的素质肯定也不高。

2008 年夏天的一个周末，我在某文化公司做客，顺便参加了他们的一次面试。求职者是个精瘦的男青年，眼睛贼亮，看上去挺精神。

面试官："你为什么离职呢？"

求职者："唉，原先的公司，别提啦。三个股东素质太低，关系不好，老吵架，正事没人管，都得我去处理。我奔走于三个股东之间，凭借我的能力，以及个人魅力，总算把他们三个捏在一起。不过，实在太累，公司不见起色，我就离开了。"

面试官："哦，原来是这样啊。你当时的职务是？"

求职者："发行经理。"

面试官："你们当时使用哪种发行软件呢？"

求职者："什么？"

面试官："我是说，最常用的那几种发行软件，你最擅长哪种？"

求职者："我不用发行软件，我懂管理。"

毫无疑问，这是个自视甚高但又一窍不通的人。成熟的求职者，谈起原来的公司和领导，心态会是平和的。他会说："原来的公司是家不错的公司，我在那里获得了很多的成长。领导给了我不少具体的指导，我获得了很多锻炼的机会。"这说明你有颗感恩的心，也证明你过去做得确实不错。说别人坏，并不代表你好。

（二）为什么选择本单位

这个问题在面试中出现的频率非常高，所以应提前做好应对准备。

在被问到这个问题时，你的回答一定不要过于直白。如果你的回答是"听说贵单位待遇很好，所以我想来试试"，面试官会觉得你诚意不够，太注重个人利益，尤其是短期利益。

也有人在经过短暂思考后说："听说贵单位有很多培训的机会，我想来学习学习。"这种看似谦虚谨慎的回答，很可能会让你直接出局。因为几乎所有的用人单位都希望能聘用可以马上上手的员工，单位不可能花大量的时间和金钱让你来"学习学习"，然后另谋高就。所以，你最好不要只谈单位能提供给你多少培训机会，而要多谈你能给单位带来多大的价值。

你可以说："因为贵单位能够给有能力的员工提供最宽阔的平台，这里的领导知人善任，我可以在这里尽情释放我对工作的热情和努力。"

（三）你打算近期结婚或者生育吗

用人单位提出这一问题，往往是针对女性的，其目的是担心婚姻尤其是生育会影响工作。在这种情况下，你可以抱着积极的态度告诉用人单位："我很重视自己的事业。我会在不影响单位的利益的情况下，考虑自己的问题。"

（四）和领导意见不合怎么办

这个问题用来了解求职者的沟通能力以及自我角色的定位能力。在遇到这样的问题时，你可以明确表示，沟通和交流是解决问题的最佳办法。首先你要向领导表明自己希望沟通和交流的诚意，表示你在沟通过程中会站在领导的角度考虑问题，先了解领导这样做的原因，再说明自己的观点。另外你要表示，你在做这一切时，会考虑到领导的面子，同时注意自己说话的语气，一定会诚恳，抱着解决问题的态度，而不是激愤的或者胜利在握的。

你可以这样回答："我想，作为同一个组织的成员，顺利、合格地完成工作要求是领导和我共同的目标。如果出现意见不一致的情况，那很可能是沟通和交流上出现了问题。我会从领导的角度去考虑问题，尽可能了解他那样做的原因，并且进行自我反省，毕竟领导的工作经验比我多。但如果真的是领导考虑欠妥的话，我会努力和领导进行充分的交流，尽可能把自己的意思表达清楚，然后合理地提出具体建议。相信领导也会做进一步考虑的。"

（五）应对陷阱

为了考验应试者的商业道德素质，面试官常常会设下陷阱。

有时候，面试官会向女性求职者提问："家庭和事业你认为哪个更重要？"对于这个问题，你要抱着工作重要的原则，回答："我很爱我的家庭，但是事业对一个想保持活力的现代女性来说，尤为重要。"

在某种程度上，面试就是一种斗智。面试官常常会问一些无论你如何回答都不是很恰当的问题。这时候，你一定要做到：

第一，随机应变，给自己留下退路。一定要灵活地运用语言技巧，千万不能把话说死，堵上自己的退路。否则很容易掉进面试官精心设计的陷阱中。如果面试官问你："你是因为和上司有矛盾才转到我们这里来的吗？"你可以这样回答："他是一个正直而又积极向上的人，但我们之间性格差异比较大，所以无法成为好朋友。"

第二，稳定情绪，三思而后答。面试官提出一个让你措手不及的问题，有时候是为了考验你的应变能力。这时候，你千万不能乱了阵脚，要稳定住情绪，好好想想，哪些话该说，哪些话不该说，不该说的一点儿也不要说。

第三，模棱两可，将问题模糊化。不要简单地说"是"或者"不是"，你可以用"这个问题不可一概而论……"作为开头，从正反两方面解释你的观点。要做到滴水不漏，这样才能让面试官心服口服。

第四，不拘一格，打破常规。当面试官问你一些莫名其妙的、近乎怪异的假想问题时，你就可以用这一招了，因为他要考察的正是你的创造性思维。这时候，你只要大胆地设想，并充分利用自己积累的知识给你的设想以可行性，那你就能稳操胜券了。

第五，针锋相对。现在流行的一种压力面试中，面试官常常刻意制造紧张气氛，提出很不友好的问题，甚至是当头泼你一盆凉水，以此来考验你的心理承受能力。这时候你千万不能唯唯诺诺，露出委屈或者激愤的神情。你应该愤然反驳，用理智的回答与面试官针锋相对，显示你强悍的一面。

三、最容易犯的错误

面对面试官的问题，首先要保持冷静、自信。回答问题要有逻辑，层次清晰、条理分明、表述前后呼应。切记不能前后矛盾，比如，你刚说完自己喜欢与人交流，善解人意，然后又说到自己因为无法处理好人际关系而离职。这种错误看起来很荒谬，却是很多求职者最容易犯的。

在回答问题的过程中，你可以通过面试官的表情来判断他对你的评判，及时调整自己的言行。

（一）不要刻意奉承面试官

有意识地揣摩面试官提出问题的心理背景，然后适当地投其所好，是不错的应对措施。但是，想要真正获得面试官的青睐，最重要的还是能力与岗位的符合。要认真诚实地回答问题，自信地表现自己的能力，这才是正道。

有些求职者在向面试官谈论自己的工作经历时，会不时地称赞面试官，比如说："像您这样的经历，我真是望尘莫及，您就是我学习的榜样。"这样的话，会让对方很反感。其实，具备一定专业素养的面试官很忌讳求职者刻意与自己套近乎，因为这种行为总会让他们联想到油腔滑调。

（二）不要采用"熟人战术"

"我认识你们单位的××""我和××是亲戚"这样的话最好不要在面试中出现。这些话很可能遭到面试官的反感。如果你说的人是面试官的上司，他会感觉你在拿职位压人；如果你说的人刚好和这位面试官有矛盾，岂不是撞到枪口上？即使你说的人和面试官是很好的朋友，面试官也不会为此而降低标准；相反，为了在其他人面前显得公平、公正，他会对你更加严格。这样一来，你是偷鸡不成蚀把米。

当前社会讲求实用，即使是私人公司，也越来越公事公办。所以靠熟人拉关系的这条路，不走也罢。

（三）不要口若悬河

"祸从口出"这个成语用在面试中再恰当不过了。某些求职者自认为是交际方面的高手，在面试时把自己想象成是在演讲。他们在"演讲"过程中，夸大其词不说，还喜欢自我陶醉，一旦开口就没有要停下来的意思。这种局面，往往弄得面试官面面相觑，啼笑皆非。

在面试中，夸夸其谈的人很难在面试官心中留下沉稳可靠的印象，自然也很难取得面试成功。想要证明自己的口才，不一定非得口若悬河，要知道面试官最需要的就是清晰、干净、利落的回答，这才是真正的好口才。在企业里，好口才是实用的，而不是花哨的。

（四）切忌言辞傲慢

自信是面试成功的关键。但是在众多应试者中，通常会有这样一群人，他们毕业于名校，学习过热门专业，由于没有在社会中历练过，因而在求职中带有与生俱来的优越感。其中有些人，把一些肤浅的社会交往技巧用在求职中，更是漏洞百出。面试官是不会选择这样的人进入单位的，在他们看来，这样的人通常眼高手低，只会纸上谈兵，而且如果真的将这样的人纳入单位的话，管理起来也是非常困难的。所以即使你真的满腹经纶，也会让对方有用不起、不敢用的想法。

自信而不自满，谦虚而不心虚。这种刚柔并济的心态，会带给你稳健、坦然的气质，最容易赢得面试官的好感。适当的时候可以谦虚一下。中国人习惯内敛含蓄，即使去外企面试，面试你的往往还是中国人，适当的谦虚可以赢得好感。

求职者与面试官是为了合作而走到一起的，不存在高低、贵贱之分。求职者的心态要平和、坦然。个别求职者，在面试时趾高气扬，这是没有摆正自己的位置。如果你嫌公司小，你比对方地位高，那你何必来？既然坐在一起，就说明双方是平等的，互有需求，谁也没占什么优势。对求职者而言，不但要"不卑"，而且要"不亢"。这才是正确的姿态。

一家科技公司的老总，给我讲过这样一个故事。

2008 年夏天，公司大规模招人。一天，有个电话打过来，说找我。

是个男青年的声音："杨总，请问贵公司地址是哪里？什么时候方便面谈？"

我莫名其妙，问："你是……"

"噢，我应聘你们公司的软件开发职位。其实也不是我应聘，是我师兄应聘。他很忙，正在外地开学术研讨会，所以让我替他安排。"

我有些不高兴："我们招聘广告上有流程安排，让你师兄按程序办吧。"

"他很忙……"

"对不起，我也很忙。"

两天后，有电话找我，是"师兄"。师兄说，研讨会圆满结束，他已经返回北京，只待三天，然后又要飞往上海开会。我有些好奇，就问他干什么的，他说是某名校计算机硕士毕业，在某某公司工作过。

我问："你这么优秀，要求薪资是多少呢？"

电话那头停顿了一下："嗯，我现在的工作，每月大约九千元。还有车补、话补，合起来大约一万元吧。"

我笑了笑："看来你不适合我们公司，我们的新员工，底薪只有两千元。"

他回答："太低了，那就算了吧！"

我愉快地说："好吧，再见！希望以后有机会。"

两小时之后，又有电话找我，一听，又是"师兄"。

师兄说："我这个人喜欢技术，对名利看得很淡。再说我现在也不缺钱，两千元就两千元吧。我可以到你那里去上班。"

我回答："可是我没说可以呀。"

有的公司，老总亲自招聘，这并不代表公司小。很可能说明这家公司重视人才。由谁负责招聘，对判断企业的大小没有参考价值。老板要关注企业的人、财、物，他当然要了解人力资源市场。比如说，在面试现场，他发现一个人特别优秀，但招聘经理没有立刻聘用的特权，这时候老总就可以拍板。

微软毫无疑问是一家大公司，微软中国的每一名员工，都必须通过总裁的亲自面试。正因为如此尊重人才，微软中国的多项指标才会位居微软海外分公司第一。

（五）不可缺乏主见

"你觉得自己能胜任哪方面的工作？"

"都行，我什么都愿意干。"

这是典型的缺乏主见的表现。此言一出，注定了要被淘汰。在面试官看来，这种人没有成熟的职业规划，对未来的生活和工作缺乏目标，在工作中的表现通常是人云亦云，没有创新和进取的精神，关键时刻也不能担当重任。因此，用人单位是不会轻易录用这种员工的。

（六）去掉口头禅

大部分人都有一定的说话方式和口头禅。其中一部分口头禅让人听起来很不舒服。应聘者过多地使用口头禅，会给面试官造成很不好的印象。

一位刚刚从新加坡回来的建筑工程师，准备在北京找一份适合自己的工作。这位工程师只在新加坡待了两年，可满口的"新加坡腔"。无论他说什么，总会在后面加一个长长的"啦"字，像"小意思啦……""没问题啦……""好啦……"。在面试的时候，只用了短短几分钟，面试官们就被他"啦"得面面相觑。最后，其中一人忍无可忍，打断了他的话，并回敬了一句："请回去等消息啦……"工程师从此与这份工作无缘了。

另一些人，常常在汉语里面夹杂英文，倘使场合不对，这类表达也容易被人反感。比如说，"我在做那个case的时候……""这个问题很professional……"。有的说话时还要耸耸肩。这些不当的言行其实都是可以避免的。如果你有必要向面试官展现你流利的英语，不妨在一开始的时候就用纯英文来回答，而不是像这样做"夹生饭"。

此外还要注意，一些无意义的词，比如说"嗯……""这个……""然后……然后……""也就是说……也就是说……""那个……那个……"等口头语会使你的言谈显得啰唆、拖沓，显得思路很不清晰。因为破坏了交流的连贯性，会给对方一种不专业感。

"可能""大概"这样的词也最好少用，这些词加上应聘者本身的紧张情绪，通常会给人一种局促不安、不够自信的错觉。

四、待遇问题该怎么开口

在面试过程中必然要面临薪酬的问题，当被问到对薪酬的要求时，求职者常常不知如何开口。其实，恰当地提出薪酬要求是必要的，但是如果过分关心，三句话离不开"薪酬"这几个字，难免会在面试官心中留下过于注重私利的印象。

（一）了解同类职位的平均薪酬

如果你对薪酬的要求过低，显然是对自己能力不自信；如果要求过高，又会显得你没有分寸。所以，在商谈薪酬之前，你应该充分调查清楚自己所从事工作的市场平均薪酬。这样，在回答这个问题时，你就能说出你所了解到的具体数字。

除此之外，你还可以这样回答："我对薪酬没有特别要求，我相信贵单位在处理薪酬问题上会有合理安排。我注重的是找对工作机会，所以只要条件公平，我不会计较太多。"

（二）找准时机问薪酬

面试官总会问起你原来的收入情况。你可以在回答完对方的问题后，以试探的语气问："我原来的待遇，应该和贵公司相差不大吧？"对方可能会说"当然不会低于你原来的薪酬"，或者"有些差距，但不是很大"。这样你就可以大致了解新岗位的薪酬情况。

探问薪酬的办法并不局限在面试过程当中，在招聘会上，当你递交应聘资料时，可以不失时机地问一声："这个岗位的薪酬大约是多少？"由于招聘会人流来往频繁，招聘者可能会在忙碌中透露出真相。

不过，高薪酬是要用自己的实力去得到的，如果没有足够的实力，却向对方要求过高的薪酬，则会让对方感到反感，从而失去到手的工作。所以，想要得到想要的薪酬，就努力增强自己的内在实力。

（三）怎样提出期望薪酬

面试官："你对薪酬有什么要求？"

应聘者："我不太看重薪酬，我比较看重工作机会，如果贵公司给我这个机会，我会努力完成各项任务，相信公司会根据我的工作表现，给我一个合适的待遇。"

面试场合绕不开薪酬问题，以上回答就很不错。如果你回答"一个月至少要两千元，因为刚好可以够我一个月的生活费"，那就不大可能被录用。如果你的薪酬观念与这个应聘者类似，就必须转变观念：

第一，调整"工作"与"薪酬"的先后顺序，不是"我拿这样的钱，所以干这样的活儿"（薪酬在前，工作在后），而是"我做了这份工作，所以才有相应的薪酬"（工作在前，薪酬在后）。

第二，调整"企业"与"个人"的先后顺序，不是"因为我需要这么多钱，所以企业给我这么多钱"（个人在前，企业在后），而是"企业给这个职位定的薪酬是这么多，所以我拿到这么多"（企业在前，个人在后）。

求职者一定不要过于自我，要知道，社会自有一套规范，是不以个人意志为转移的。与其从个人需要出发，徒劳地向社会、向企业提要求，不如增强自身实力，在企业里获得机会发展自己，让企业不得不用更好的待遇留住你。

年轻的大学生，心高气傲，缺乏社会经验，更需要摆正自己与企业之间的关系。从个人角度出发找工作，是缘木求鱼，会离好工作越来越远。相反，如果你能为企业考虑，就会得到更多机会。

面试时，最好不要回答2000、3000这样具体的数字，也不要回答一个区间，比如，要求薪酬是两千到三千元，这个区间很模糊，企业不知道你到底要多少。如果非要说出一个具体数字，可以问一下对方，这个岗位一般的薪酬是多少，如果能满足你的要求，说声"接受"就行了。

"怎么方便，就怎么开。"这样回答也勉强可以，但是比较模糊。面试官问你税前还是税后，考的是价值观问题。"怎么方便，就怎么开"说明你的价值观不明确，你只是一只待宰的羔羊。

第三节

你一直有听众

演讲没有想象中那么难

　　故事是最能吸引听众的，一个会讲故事的人最受大家欢迎。如果在演讲中能穿插几个有意思的故事，演讲能增色不少。一个好的故事必须具备时间、地点、人物、事件和起因这五项基本内容，否则就不算是个完整的故事。

一、雅俗共赏，大家才爱听

　　在很多人看来，在大庭广众之下公开演讲是天底下最令人紧张和害怕的事了。事实上，演讲是一种人人都具备的技能，而且不见得非得在讲台上。任何人都可以在日常生活中顺利地与家人、朋友同时交谈，演讲只是增加了听众人数而已。

从这个意义上理解演讲，就会掌握演讲中最重要的一个原则，就是雅俗共赏。既然是亲切的交流，当然不能装腔作势，而是要随意自然；且亲友之间的交流，当然不能卑劣下流。

不是所有的演讲都需要演讲稿，但语言上的技巧还是要重视的。以下几点可以帮助你实现更好的效果。

（一）大胆运用新词汇、新事物、新现象

在演讲中巧妙地渗入一些新的东西，能使你的演讲更有时代气息，更容易引起关注，听众也不会觉得是老生常谈。使语言富有新意的方法很多。

新词汇、新事物或新现象的使用，可以使听众对已经熟悉的事物产生新鲜感，耳目一新。

也可以用变换原有观念或比喻的本体和喻体的方式，使演讲语言变得富有新意。有人谈到"求贤若渴"和"怀才不遇"这一对矛盾时说："其实千里马常有，伯乐也常有，关键是两人都不能坐等，要找。如果伯乐用刘备三顾茅庐的诚意寻找，必然能找到千里马；千里马用毛遂自荐的自信寻找伯乐，那么必然也能找到。"伯乐、千里马、刘备、三顾茅庐、毛遂自荐这些经典的名词，就这样被组合成了一个能被听众所接受的现代观念。

（二）用专业知识进行联想

发挥自己的专长，用专业术语讲通俗的话，也可以让演讲的语言变得生动而富有新意。王码汉字键盘输入发明者王永民曾经用过这个方法。

他在谈到成就、荣誉、地位、金钱时，把它们比作"电荷"，说它们在人身上积累多了，人身上的"电压"就会升高，使别人难以接近，自身也很危险。所以应该把自己"接到地上"，"接地""放电"，回到"零电位"。

（三）用形象的比喻解释问题

有一位 IT 行业的专业人士，在演讲中谈到计算机软件和硬件的关系时说：电脑就像个装菜用的盘子，软件才是菜。我们买电脑，其实是为了吃盘子里的这口菜。他用生活中普通得不能再普通的东西做比喻，听众一听就懂。正可谓"境非真处即为幻，俗到家时自入神"。

演讲时，最忌讳满口专业术语，费了半天口舌都无法让听众明白。其实这个问题很好解决，只需要借助听众喜闻乐见的事物，使抽象的问题具象化即可。

赤道的长度约 40075 千米，月亮与地球的平均距离是 384400 千米。如果你在演讲中提到了这些数据，对绝大多数听众而言，这些数据只能在他的脑海中做短暂的停留，然后被忘得一干二净。这是因为你说的这个数据不够通俗，这不是他所熟悉的事物，他很难记住。这必然会影响你演讲的效果。

正确的做法是，在你报出了一连串科学而精确的数字以后，最好再用一个通俗的、听众熟知的东西比喻一下，以便让听众对你的数据产生具体形象的感知，使他难以忘记。打个比方，你可以说：赤道的长度约 40075 千米，相当于我们在北京与天津之间往返 180 多次；月球与地球的平均距离约 384400 千米，相当于 62 条长江相连的长度。

数学家詹姆·金恩斯是个优秀的演讲者，他在谈到宇宙问题时说：

即使是离地球最近的一颗星，如果一个人从地球上起飞，以光速，也要大约 51 个月的时间。

在向外行人士做演讲时，为了避免对方听不懂，一定要使用最通俗的词句，如果必须用到专业术语，也要用通俗易懂的比喻解释清楚。

二、演讲要想精彩，必须讲故事

故事是最能吸引听众的，一个会讲故事的人最受大家欢迎。如果在演讲中能穿插几个有意思的故事，演讲能增色不少。

一个好的故事必须具备时间、地点、人物、事件和起因这五项基本内容，否则就不算是个完整的故事。一般来说，对于时间的表述要直接具体，因为它起到引起听众注意的警示作用；而对于地点的表述要能使听众尽快进入场景，以便突出想要表达的主题；对于人物的表述最好能有名有姓，使整个故事显得真实，也方便听众厘清思路；对于事件的表述要具体化、细节化，以免虎头蛇尾，让听众如坠梦中，听得索然乏味；起因则是对故事的一个交代，起到"捕获"听众的作用。

（一）第一句话要稳而有力

如果故事的开场白太过含蓄，显得讲故事的人缺乏自信，这将削弱听众的好奇心，他们会下意识地认为你的故事一定很普通，不值得一听。语气坚定而自信的开场白，不仅会增强自己的信心，也会激发听众的兴趣，使他们对你后面的话充满期待。从这个角度来说，好的开场白是讲好一个故事的基础。

第一句话很重要。如果第一句话是稳而有力的，那么你在一开始就成功吸引了听众的注意力，后面的故事就会讲得更流畅。因此，在讲故事之前，一定要做到心神稳定、语气沉稳，切忌慌慌张张地开始。

（二）使用倒叙制造悬念

倒叙容易引起听众的好奇心，有利于制造出戏剧性的效果。在这一点上，通俗作家为我们提供了很多范例。好作家都是讲故事的高手，余华小说《兄弟》是这样开头的：

我们刘镇的超级巨富李光头异想天开，打算花上两千万美元的买路钱，搭乘俄罗斯联盟号飞船上太空去游览一番。李光头坐在他远近闻名的镀金马桶上，闭上眼睛开始想象自己在太空轨道上的漂泊生涯，四周的冷清深不可测，李光头俯瞰壮丽的地球如何徐徐展开，不由得心酸落泪，这时候他才意识到自己在地球上已经是举目无亲了。

他曾经……

故事这样开头，无疑是引人入胜的：超级巨富、两千万美元、上太空、镀金马桶、心酸落泪……都是引人注目的点，点燃了读者的好奇心，使读者不得不读下去，而后面的故事就按照正常顺序讲述了。

（三）引导听众快速进入场景

演讲最忌讳费了半天口舌却没有说清你要表达的意思，讲故事也一样。啰啰唆唆地说了半天，如果还是在兜圈子，没有进入场景，听众肯定会反感，因为兜圈子耗光了听众的心理期待。

因此，讲故事越是能快速进入场景，就越能抓住听众，越能取得很好的效果。

（四）时间、地点、人物不能模糊

讲故事时，最忌讳说"这个人可能是张三，也可能是李四""这件事好像发生在 1997 年，我记不清了"这样的句子，因为模糊的语句会转移你讲故事的注意力，同时也显得你的故事不具备真实性和准确性。相反，直接确定为张三，或是直接确定是 1997 年则要好得多，这样有利于听众接受，尽管客观性和准确性降低了，说服力却增强了。

（五）从侧面反衬

在讲故事时，采取用大量事实从侧面反衬主题的方法，会取得很好的效果，能给听众留下一个生动的印象。举例来说，讲到恐怖情节时，可以用"事后回想起来，我的两腿都软得不能走路了"这样的话来反衬恐怖的程度。

（六）不用解释性的语句

在讲故事时，要尽量多用描述性的语句，只讲有必要的情节；不要频繁使用解释性的语句，因为解释性的语句会转移听众的注意力，使他们的思维"走岔"，会影响他们对于故事的体验。举例来说，你可以说"那天晚上我没有吃饭，早早就赶到了剧场"，但是不要说成"因为中午我吃得太多，吃了三个馒头、一个东坡肘子，所以晚上时我不觉得饿，于是就没有吃饭，直接到了剧场"。后一种说法，横生枝节，不利于情节的展开。

三、如何控制场面

演讲毕竟有很多听众，而每个听众都不相同，有人喜欢听你的演讲，有人不喜欢听但很安静，还有人持不同意见；在持不同意见的人里面，有人能够理性地、有礼貌地提问或反驳，另一些人则可能随意打断你的演讲而发问，尖锐地抨击你。这种情况下，就需要演讲者具备控制场面的能力。

（一）冷场了怎么办

无论是演讲还是与人交谈，最令人尴尬的就是无话可说的冷场局面。演讲时出现冷场的原因有很多，有可能是你的话题没有引起听众的兴趣，听众不愿回应你；也可能是你的表述有差错，听众没能理解，无法回应你；有时则是因为你缺乏演讲技巧，没有引导听众与你互动。不论是由哪种原因引起的冷场，作为演讲者，都不能归罪于听众，而是应该从自身出发找原因，并尽快地消除冷场，使演讲继续顺利进行。

如何避免冷场呢？作为演讲者，第一要做到不退缩，也不要惊慌和灰心。此时，无论怎样责怪自己都于事无补，当务之急是尽快转移话题或开始下一个话题。

第二，所讲内容要力求具体，力求个性化。所谓具体，就是指不说套话，不要泛泛而谈；而个性化，则是指多用你自己的话，不要只用书面语或老生常谈。

第三，要集中注意力，时刻留心自己在说什么，情绪状态怎样；听众又在想什么，有什么情绪。即便演讲的话题涉及的是过去、未来或者其他人，你的注意力也要放在当下。特别要注意的是控制情绪，它往往是无话可说的罪魁祸首。

第四，演讲中不要轻易做出道德判断或价值判断，即便这些判断不是针对听众的，也会有人感到不舒服。对大多数人来说，他们都不想听太多的评判和批评。如果确实需要发表类似观点，最好是以严肃的专家的口气，或者值得信任的朋友的口气，这才会让听众愿意继续听下去。

第五，要想好再说。即使在演讲中，也要在开口的一刹那想一下该怎么说，千万不要不经过大脑思考就开口说话。如果发表演讲前没有做充足的准备，就更要想好再说。

第六，演讲要尽可能简短。简短的演讲可以避免出现冷场，尤其是单向式的情景演讲，更是越简短越好。如果是双向式的访谈演讲，那么也应该越简短越好，要下意识地给对方留下更多机会和时间。

第七，不断变换话题。话题的变换，可以始终吸引听众的注意力，尤其在单向式的演讲中。在吸引了听众注意力之后，可以重新回到原先的话题上。双向式演讲中，话题的变换则需根据具体情况进行。

第八，如果采取了很多控制场面的办法，还是不能改变冷场的局面，就应该考虑尽快结束演讲。因为这种情况意味着双方"话不投机半句多"，已经没有继续维持下去的意义了。

（二）你的演讲符合听众口味吗

发表过演讲的人都清楚，并不是演讲者的所有内容都受听众的欢迎。当演讲的某部分内容不合听众之意时，听众也可能会自发地搅场。针对这样的搅场，演讲者更应该找出原因，对听众加以引导了。

一般而言，这样的搅场发生在听众群情激昂的时候，他们并不是恶意的，更不是反对演讲者，只是因为迷茫和焦急，显得比较嘈杂。

当听众因不满意演讲者的水平而自发搅场时，演讲者首先要做的是控制局面，然后才是自剖自责，加强学习，提高水平，从根本上解决问题。而控制局面，最有效的方式就是以谦虚的态度，寻找一切机会稳定听众的情绪，使他们暂时认可自己。

第三章

交流技巧

第一节

话题选择

打破"无话可说"的尴尬

在日常的社交场合，与人交谈的话题要得当，不能选择过于专业或对方不感兴趣的话题。如果发现对方有厌烦之意，应立即转移话题，不能不顾对方感受而执意坚持。

一、关于话题的一般规则

与人交谈，切忌以自己为中心，旁若无人地发泄自己的情绪，或者口若悬河地发表自己的观点。必须恰当地选择话题，让所有人都能围绕这个话题交谈。不同年龄、不同职业、不同行业的人的趣味是不同的，也有其独特的语言和习惯。因此，选择什么样的话题、采用什么样的言辞和语气也是随着不同的对象变化的，否则很容易产生"交流隔阂"。

总的看来，应该选择雅俗共赏的、令人愉快的话题。以下几种话题较为常见。

（一）众所周知的热门话题

如果参与谈话的人很多，那么选择众人都知道和关心的话题是比较适宜的，这样很容易引起大家的共鸣，会让所有人都想谈、能谈、爱谈。大家围绕这样一个话题，人人有话说，气氛自然会很融洽甚至热烈，不会孤立和冷落谁。

如果谈话内容比较枯燥或者沉重，不妨穿插着聊一聊最近上映的电影，或者某场精彩的足球赛，适当放松和调节一下。

某些人天生具有一种能力，总能找到有趣的话题把身边的人都吸引过来。我们在与陌生人交流时，也可以尽量加入一些有趣的话题，让别人对自己印象深刻。不过，这样的话题并不是那么容易找的，也不见得好把握。

（二）平平淡淡才是真

有些人以为日常生活中的寻常小事不值一提，所以绞尽脑汁想一些让大家捧腹大笑的故事或一些爆炸性新闻。诚然，那些好笑的故事或惊人的新闻是大家乐于谈论的，但生活中并不是天天都会有这样的话题。

在日常的交往中，重大的或者有趣的话题并不多，如果整天绞尽脑汁寻找这种话题，就得不偿失了，因为生活中更值得关注的往往都是些平凡的小事。如果你每次开口都刻意营造有趣氛围，容易让人觉得你不自然。其实，平凡的生活会提供给你用之不尽的话题，你可以谈论家具、烹饪、健身，也可以谈论电影、宠物等，往往最平常的才是最打动人心的。

（三）紧扣主题不冷场

有的时候，谈话双方会在会面前拟好主题，比如已经拟定要讨论关于信贷方面的事情，那么在正式谈话中，就不要谈论其他话题了。这种情况很容易处理，只要不偏题即可。

宴席都有主题，因此在出席宴席之前要做一些准备，了解清楚宴席的主题是什么、出席的都有哪些人。在到达宴席现场之后，首先应该注意一下其他宾客的态度和表情，以便了解主次和气氛。掌握了这些以后，才能明白应该说什么话、该怎么说，才不至于一张嘴就跑题，一说话就冷场。

一般来说，宴席上的宾客人数众多，为了不冷落和得罪每一个人，在主题之外，如果需要的话，应该尽量谈论一些大家都能参与的话题，以便得到多数人的认同。每个人的兴趣爱好、知识结构是不同的，因此话题尽量不要太偏太专，以免一些人插不上嘴；同时，话题也不要太抽象，以免天南海北什么都说，最终跑题而忽略了其他人。

二、话题要照顾对方，而不是你自己

一般说来，一个人感兴趣的话题是他懂得最多的事物，如果你缺少丰富的知识和控制谈话的能力，就从对方的言谈中寻找他感兴趣的话题并与他谈论这些话题。即使你对此不熟悉，你们的交谈也可能会很愉快。

（一）提及对方熟悉的事物

当我们与人交流时，如果只说一些对方很陌生的事物，只会让双方的感觉更加疏远。相反，如果多提起一些对方熟悉的事物，就能勾起对方和你聊天的兴趣。

想要和对方愉快地交谈，就要谈论对方熟悉的事物，在保证自己坦白、友好的基础上，还要真心地为他人着想，试着融入对方的话题。这样，对方不仅会对你的言谈感兴趣，还会对你印象深刻。

（二）谈论对方擅长的

每个人都有自己喜欢或擅长的东西，比如音乐、美术、舞蹈、钓鱼、运动等。很多人在业余爱好上称得上半个专家，和人谈起时，也会滔滔不绝。如果你想让某人愿意和你说话，了解他的喜好就是一种不错的途径。

了解他人的方法有很多，比如去到一个陌生人家里，多留心观察，你就会找到很多关于主人兴趣的线索：他家里是什么样的装修，摆出了哪些书籍，有什么新鲜的东西。找出你认为主人所擅长的并与他交流，那他自然有兴趣跟你说话。

当你讨论对方所擅长的话题时，就等于给了对方一个展示自己的机会。当对方因为你的引导而侃侃而谈时，你们之间也就形成了一个融洽的商谈氛围。

如果一时无法了解对方的业余爱好，你可以直截了当地问对方的工作。每个人对自己的工作都会十分了解、擅长，如果你对他说"我觉得你的工作十分有趣，你能说一些你工作的事情吗"，那么他往往不会反感，他会花上个把小时或者更长的时间跟你说。

（三）打开缺口，由浅及深

和陌生人交谈，可以先提一些"投石"性的问题，在大概了解了对方的基本情况后，再进行深一步的交谈。比如，在单位同事举办的聚会上，你旁边坐着的是一个陌生人，你可以问他："你和主人是战友还是同学？"不管你问得对还是不对，对方都会给你一个答案，你们可以沿着他给的答案继续交流下去。

在一个县城火车站的候车室，已经凌晨了，候车室里只有两个互不认识的人。其中一人问对方："你在什么地方下车？""北京，你呢？""我也是，你到北京什么地方？""我到北京房山看一个亲戚，你去北京哪里？""我也是去北京房山，我去给老乡送东西。"从初步试探性地询问，到最后越聊越投机，两个人很快熟起来，还约好回到老家后接着聊。

如果不善于寻找话题，你就会失去一些结识朋友的机会。说话过于被动，也不容易给人留下深刻的印象。当你和陌生人聊天时，在可以说话时不要放过说话的机会。当对方向你说出他的兴趣时，你便可以适时进一步交谈。如果对方喜欢游泳，而你恰好对游泳很在行，这时你可以就游泳的样式、速度、场所和他进行交流。如果对方从你"切入"式的谈话中获得很多知识，双方的关系会更亲近。

好的话题就像好的文章题目一样。好的文章题目会让人的灵感源源不绝，下笔如有神；而好的话题，则让谈话的人兴趣盎然、相处融洽。要注意的是，好的话题是对双方而言的，如果某个人就自己得意的话题说个没完，那么交流肯定是不通畅的。好的话题能引导出对方的话，让彼此更好地互动。

（四）以提问的方式寻找话题

如果很难找到话题，可以考虑用提问的方式引出话题。通过提问可以了解自己不熟悉的情况，也可以把对方的思路引导到某个要点上，还能避免冷场。

应该注意的是，不要问及对方难以应对的问题，更不要问到对方难于启齿的隐私，也不要采用"查户口"式的一问一答方式，这会让对方非常反感。如果提问成功，就要给对方留下充分叙述的空间，使对方感觉更舒畅。

面对你的提问，如果对方不愿回答，或一时回答不了，切忌不停地追问，应该转移话题以避免尴尬。如果对方是因为羞怯而不爱说话，可以先问一些无关紧要的问题，等他逐渐适应后再谈别的话题。

三、不宜谈论的话题

总的看来，消极的、机密的、涉及对方隐私或者短处的、涉及人际关系的、格调低下的话题，都属于不宜谈论的话题。

（一）涉及国家或行业机密的话题

不要谈论国家秘密和行业秘密，这些都是受国家法律保护的，谈论过多，不仅对你没有任何好处，还可能惹祸上身。

（二）议论领导以及同行

说人是非者，必是是非人。喜欢议论他人是非的人，会给人一种戚戚小人的感觉，很不利于塑造自己的形象。而且，在复杂的人际关系中，如果随口议论他人，说不定你的话会很快传到当事人耳中。

作为职场中人，切忌在别人面前过多地谈论自己公司的事情，尤其是负面评价。俗话说家丑不可外扬，在外人面前，尤其是在竞争者面前谈论自己的领导和同事，很可能会带来麻烦，而且会让对方对你的人格产生怀疑。

（三）不雅话题

如果你张口闭口只谈男女关系问题，会令人鄙夷。在当今社会，与陌生人谈论这个无论从哪个角度看，都会让对方觉得你是一个素质不高、没有修养的人。如果你已经有一定年岁，谈论这个话题，会显得你轻浮，不懂礼数。

（四）双方隐私

任何人都有不愿让人知道的隐私，当你谈论对方隐私时，也将自己陷入了被厌恶的境地。不仅破坏了交流的气氛，还会让对方不想再接近你。

一般来说，和一个陌生人谈论你自己的私生活也是不应该的。如果你轻易向他们谈论你的家庭或者朋友，对方往往会不知如何回应，他可能会觉得你这个人太过随便，也可能觉得你不知远近，缺少社会经验。

在不同的场合，隐私的定义是不完全一样的。在社交场合，一般不要过问别人的年龄、收入状况、是否结婚以及礼品的价格等。而在比较私人化的空间，比如咖啡馆，尤其是只有两个人的时候，是可以谈一些私人话题的，但是要注意分寸。

第二节

迂回说服

告别简单生硬的沟通方式

不管是在生活还是工作中，遇到和自己唱反调的人，很多人就会试图去说服对方。然而，喜欢去说服别人的人很多，有能力让对方妥协的却不多。很多人不适合正面跟他讲道理，这时你可以采取迂回说服的方法。

一、一定要避免生硬的表达方式

生硬的表达方式会直接引发对抗心理，一旦对抗心理产生，沟通效果就会大打折扣，成功率急剧下降。建议在表达意见尤其是表达强烈的反对意见之前先冷静下来，想想到底该怎样措辞，才能既意见明确、坚定，又尽量不产生攻击性。

（一）有个开场白作为缓冲

开门见山式的直话直说，会显得生硬、唐突，或者让对方觉得你过于功利化。因此，与人交谈时，最好有个开场白作为缓冲。

开场白能起到融洽气氛的作用。一般人总爱说"今天天气真好"之类的话作为开场白，但如果总是以此开场则过于俗套和单调，最好能结合所处的环境，就地取材引出话题。如果是在对方家里，可以评论一下屋子里的陈设，比如，赞美墙上的书画作品、多宝阁里的瓷器等。评论物品时千万不要用挑剔的口吻，要用赞美的语气。

开场白不要太长，否则就显得啰唆。每个人的时间都很宝贵，不要浪费对方的时间。

（二）必须直接反驳才能说清楚吗

说服人时，最好用间接的方式让他了解应改进的地方，从而让他改变自己原来的想法。如果直接指出对方的错误，对方常常会采取守势，并竭力为自己辩护，这样的话，就会起到适得其反的效果。间接的方法是多种多样的，比如：把指责变为关怀，用形象的比喻来加以规劝，暂时避开实质问题谈相关的事，谈别人的或自己的错误加以启发，用建议的方法提出问题，等等。哪种方法合适，这就要靠说服者根据实际情况灵活地加以运用。

不管是在生活还是工作中，遇到和自己唱反调的人，很多人就会试图去说服对方。然而，喜欢去说服别人的人很多，有能力让对方妥协的却不多。

有些人不适合正面跟他讲道理，这时你可以采取迂回说服的方法。

学会抽丝剥茧，逐步引导，层层深入，最后将大家的思想统一和升华到一个新的高度。有时也可以借谈论另一件事情而将自己的真实意图表达出来，这样会使对方更容易接受，也可以避免把讲道理变成简单的演绎论证。

（三）不要催促对方速做决定

某先生想买一辆经济实用的轿车，但由于型号太多，配置不同，再加上经济限制，他在一辆车前反反复复地看，一时难以下决断。

在他犹豫不决的时候，车行的一名年轻推销员看穿了他的心思，于是走上前问道："我看得出你很想买这辆车，但不可否认这辆车的价格确实有点儿高，必须经过慎重的考虑才可以决定。不过你不妨再到其他品牌的车行去比较一下，这对你是有利的。俗话说货比三家不吃亏，何况买一辆车的钱并不是个小数目，所以还是慎重些好。"

结果，这位先生真地去其他的几家车行做了观察和比较，但也看不出任何结果。最终，这位先生又回到了年轻推销员的车行，买走了一辆车。

这位推销员能够细心洞察客人的心理，并以循序渐进的方式诱导顾客，最终实现了交易。如果他一个劲儿地对那位先生说："我肯定不会骗你的，不信你买下试试，保证会让你满意！"或许这位先生便不会向他购买了。

对于举棋不定的人，如果你催促他快做决定，肯定会增加他的心理负担。他为了尽快摆脱这种压迫感，就会尽快离开。

如果想要对方尽快地做出决定，不妨使用这位年轻推销员所用的方法，避免正面压迫，而将决定权让给对方，使他在轻松和缓的心绪中，更快速地做出决定。

总之，要说服对方，需要说服者具有敏锐的眼光、多角度的分析和诚恳亲切的态度，以体察对方的心理感受作为出发点，慢慢引导，不留痕迹。

（四）辩解之前先认错

当我们遭到指责的时候，虽然首先应该诚恳而虚心地听取，但并不代表要一直毫无原则地忍气吞声，不管他人说得错对与否都一股脑接受。如果我们真的有委屈或者受了冤枉，就有必要积极地为自己辩解，改变对方的看法，不要将黑锅背在自己身上。

但要注意的是，当我们为自己辩护时，不管遇到什么情况，都不要说"你居然这么说"之类的话，以免直接起冲突。应该顺着对方的思路，迂回地进行反驳和说服。在某些情况下，可以先做出"认错"的姿态。

二、因势利导，缓步前进

凡事不以求快，以免快而无效或做成"夹生饭"。尤其当双方意见不一致的时候，强求立即解决，更是欲速则不达。这种时候，应该把大目标分解成小目标，并且以对方利益为切入点，引导对方逐步解决问题。

（一）从对方容易理解的事情谈起

耐心引导并说服对方，首先要进行巧妙的情景设置，在心理上让对方与自己产生共鸣，从对方最关心、最熟悉的事情谈起，使其一步一步地走向自己的结论。引导，就是要让对方不断做出肯定的答复，最后，当引导到一定程度时，及时抓住实际破题，让对方明白谈话的真正意图。

（二）循序渐进，以小胜积大胜

美国社会心理学家理德曼做过一项研究。他和他的合作者们挨家挨户去拜访各家主妇，说他们正在为"安全驾驶委员会"工作，希望得到主妇们对这一工作的支持，并请主妇们在一份请愿书上签名，几乎所有主妇都同意签名。几个星期以后，实验者再一次来到这些主妇家，同时也到其他未曾拜访过的主妇家，这次要求所有主妇都同意在自己院子前面立一块不太美观的大牌子，上面写着"谨慎驾驶"。

结果，在以前拜访过且同意在请愿书上签名的主妇中，55% 以上的主妇同意立那块牌子，而在以前未曾拜访过的主妇中，只有 7% 的主妇同意立那块牌子，前者是后者的近八倍。

这种现象在现实生活中经常存在。在劝募宣传中，劝募者可能会向路人说："先生，您能为那位可怜的残疾人捐一块钱吗？也是您的一份心意。"当路人从口袋里真正掏钱时，大部分不会只掏一块钱。当精明的推销员向一位不耐烦的女士推销化妆品时，他往往会提出一个让人容易接受的条件，说："小姐，只给我 5 分钟时间就好。"事实上，最后所花的时间往往不只是 5 分钟，而是 10 分钟或 20 分钟，只要谈到这样长的时间，最后的结果很可能就是女士掏钱买下了原本不想买的东西。

（三）绕开矛盾，另寻出路

公元前 319 年，魏惠王驾崩，太子魏嗣登上了王座，即魏襄王。在举行了隆重的志哀仪式之后，襄王将出殡日期也定了下来。没想到，第二天天气骤变，狂风怒吼，鹅毛大雪漫天飞舞，积雪越来越厚。据《战国策》记载，当时雪深"至于牛目"，以致道路堵塞，房屋倒塌，就连城墙也被压倒。

国人都被这场雪灾弄得措手不及，无数贫苦老弱饱受严寒之苦，冻死者更是不计其数。大雪封路，连外出行走都极为困难，京城因此成了一个商旅为之绝迹的死城。

这种情况下肯定是不适合出殡的。可是襄王为了彰显孝心，坚持要按照原定日期出殡。旨意宣布后，朝野上下一片愕然，所有人都反对这样不计后果的做法。面对如此天灾，无论官府还是百姓都遭受着前所未有的困苦，如果再坚持冒雪出殡，无疑是劳民伤财，空耗人力物力，会让整个国家的现状雪上加霜。

很多大臣纷纷进谏，希望襄王能将出殡的日期延后。但是襄王仍执意坚持。他说："尽孝是我作为太子首先考虑的问题，如果我因为劳民破财便延缓先王的出殡日期，普天下的忠臣孝子将会取笑于我，我将会背上不孝之子的骂名。众位大臣不要再多说了，我的主意已定，不会更改。"

犀首公孙衍和众大臣想了很多办法都没能说服襄王。突然公孙衍想到了著名的辩士惠施。惠施接受了他们的请求欣然去晋见襄王。

襄王听说德高望重的惠施要进宫，便到门外迎接。惠施见到襄王就问："先王的出殡日期不能更改吗？"

襄王回答："是的，坚决不能改。"

惠施说："当年周文王的父亲逝世后，文王决定将父亲安葬在楚山之尾，可谁也没想到，刚刚将父亲下葬完毕，入葬的棺木就被大暴雨冲得露出了地面。当时，文王慨叹道：'唉！棺木露出地面，看来是先王不想离开群臣和百姓。'于是下令将先王的棺木抬回宫殿，让百姓来朝见。三天后，天气好转，文王下令将父亲重新安葬。这是文王的义举啊。现在雪下得这样大，太子为了按期下葬就不顾困难，是否有些急躁？先王一定是想多停留几天，安顿百姓，所以才让雪下这么大，希望太子改个日期，这不是文王般的大义吗？"

惠施没有像其他大臣一样，直接就劳民伤财、是否值得等问题进行论辩，而是绕开矛盾，选取了周文王的例子，不但使延迟出殡不再是"不孝"，而且是足以与文王相提并论的大义。他仅仅抓住了襄王想要"尽孝"的心理，顺着他的思路，成功地说服了襄王。其关键在于，避开矛盾，放弃对抗，另寻出路。

三、不战而屈人之兵

在工作和生活中，我们的同事或者朋友会提出一些很难解决的问题，绕是绕不过去的，如果硬着头皮去解决只会产生头撞南墙的后果。这时，我们需要变通一下思路，从问题的根源来解决，让提出问题的人自动放弃或者自动改变，这才是釜底抽薪的良策。与其战而胜，不如不战而胜，也就是尽量避开正面冲突，消弭矛盾。

（一）让对方知难而退

每个人都有自己的理想和目标，这是好事，但不能不切实际地追求过高目标。要说服别人放弃一些不切实际的要求，最重要的就是让他知道"难"。有些人明知道"难"，但仍然坚持自己的想法不肯改变，这时就必须连续不断地提那些对方明知自己解决不了的难题，让对方明白现实。

（二）间接表达自己的意见

有时，在面对师长或上级时，直接说出不同意见比较为难，此时可以采用以事实说话的"借助法"，即借助同类型的、对方也熟悉或已经明确了解的事例，来侧面表达自己的不同意见，以求说服对方。你可以这样说："王总曾经也遇到过这样的情况，但他是这样处理的，结果也很不错，我们是不是可以借鉴？"对方听了，可能根本不会意识到你是在提不同意见，即使不同意也不会责备你。这里说的"同类型的事例"是指性质和类型都相同的事例，而选取对方熟悉的事例说服力会更强。

在与人交流时，如果你处于弱势，那么最好不要直接否定对方的意见，否则容易引起争论，而争论的结果往往是弱势者落败。为了避免这种情况，你可以将自己的观点隐藏起来，变相地表达。

如果必须直接否定，应该清楚地、详细地阐述自己的意见，最好用具体事实证明对方的观点有弊病或你的意见更合理，让对方心悦诚服。如果一时之间谁也说不服谁，就应该停止争论，换个时间继续讨论。

（三）示好与示威

大多数情况下，良好的沟通态度是让对方改变的重要因素。

有时候，光有良好的态度是不够的，在必要的情况下，我们可以在对方提出的要求中找出缺点和不足，提示给对方，促使他们主动改变。

第三节

学会说"不"

你不可能也没必要满足所有人

有这样一句话:"学会说'不'吧,那样你的生活将会好得多。"事实确实如此,拒绝别人不合理的要求,可以节省自己的时间,减少不必要的麻烦。

一、明确拒绝,是必备的生存能力

任何人都没有能力满足所有人的要求。我们每个人都会遇到各种各样的要求,合理的、不合理的,个别甚至是不合法的;请求者呢,有关系亲密的,也有不亲密的。该如何应对呢?

首先要学会一点,就是拒绝那些该拒绝的,而且要明确。

（一）什么情况下该拒绝

西班牙哲学家格拉西安在他的名作《智慧书》中有这样一些话，值得深思：

人生最重要的本领之一，是学会以恰当的方式拒绝；其中难度最大但至关重要的拒绝，是拒绝为你自己做某事，或者拒绝为他人做某事。

我们每天都会面对纷至沓来的事务，有些活动并无意义，只会无端地消耗宝贵的时间。有些人看不到这一点，总是忙碌于鸡毛蒜皮，看上去很辛苦，可实际上，这要比什么都不干还糟糕。

要真正节约自己的时间和精力，光做到不管他人闲事还不够，你还得防止别人来管你的闲事。记住，不论你有多知心的朋友、长辈或上司，都不要太依赖他们，不要对他们有太强的依附感，否则会弄得你自己都不属于自己了。千万不可滥用友谊，朋友不想帮的忙，你不能勉强，否则可能连现有的感情都保不住。

与人打交道，无论是感情太淡，还是关系过于紧密，都不太好。必须把握一个恰当的度，做到适中和节制，这样你就可以得到他人的爱戴和尊重。有理有节的待人之道是非常宝贵的，将使你受益无穷。

有这样一句话："学会跟朋友说'不'吧，那样你的生活将会好得多。"事实确实如此，拒绝他人的不合理要求，可以节省自己的时间，减少不必要的麻烦。

在对方有困难、急需帮助的情况下，一定要尽量伸出援手。在人际交往中，"雪中送炭"的效果要比"锦上添花"好得多，这是身为朋友义不容辞的。

而有些时候，堪称拒绝他人的"绝佳时机"，可以通过适当的拒绝，重新调整双方之间的关系。这样的时机，意味着他人的要求明显有越界的嫌疑，比如，他人让你帮的忙会严重影响你的生活和计划，而他其实还有很多其他的选择；或者，同事让你帮他处理他分内的工作。这种情况下，为避免让他养成懒惰和依赖别人的习惯，你可以明确拒绝。

一般来说，早拒绝比晚拒绝好，因为及早拒绝可以让朋友有更充分的时间想别的办法。另外，不要当着很多人的面拒绝，以免朋友下不来台。如果是在公共场所，说话的声音要小，越简明扼要越好。

（二）坚决而迅速的拒绝

在答应他人的要求之前，一定要想清楚能否办到，千万不要自不量力，否则会耽误对方，而且会因为自己的"出尔反尔"招来埋怨。只要是你办不到的事情，无论对方怎么请求你，你都要表明态度，坚决拒绝，不留任何余地。如果你总是模棱两可、游移不定，对方就会继续来找你，直到你答应为止。

拒绝对方的要求时，最好能当面说明原因，否则对方会认为你是不愿意帮忙。你可以大大方方地跟对方解释："实在不好意思，这个我也不知道。"或者说："我今天也有一项新的工作必须做，实在腾不出时间。"或者给他推荐一个能帮助他的人。即使你经过考虑，觉得能答应，也要记着给自己留余地，万一办不成也好交代。

谢丽·南辛是一个善于直接说"不"的女人。她是第一位在好莱坞管理电影厂的女领导人。她办事果断，从来都是说一不二。在遇到机会时，总是能以最快的速度抓住，让人深感佩服。好莱坞的经纪人欧文·保罗·拉扎说到谢丽时，总是带着敬佩的语气。他曾经对记者说："我每次请谢丽看电影脚本，她总是马上就看，并很快答复，而且答案很明确，要么就是要，要么就是不要。就算她说不要，也还是把你当成朋友对待。不像好莱坞有些懦弱的人，给他看个脚本，如果他不喜欢，根本就不回话，让你傻等。除了我，好莱坞其他写脚本的作家也都很喜欢谢丽，她就像是一股新鲜的空气。"

俗话说，希望越大，失望越大。为了使他人更容易接受你的拒绝，你应该尽快明确拒绝，不要让他对你抱有希望。当他人继续央求时，一定不要说类似"我再想想吧""到时候再看吧"这样幻想全身而退的话，应该再次明确地拒绝对方。

为了避免伤害到他人的自尊心，你可以采取提反建议式的拒绝方法。比方说，朋友想请你去跳舞，你可以说："这样，我们去购物吧，我冰箱里一点儿吃的都没有了。"如果朋友不想去购物，自然你也可以拒绝去跳舞了。

（三）尽量不当面拒绝

如果你的同事坚持让你帮他做某事，但你无法帮忙，你可以先对他的要求加以回避。你可以对他说："别着急，你先冷静一下，现在是上班时间，咱们一会儿有时间再细谈。"让对方冷静下来，总比两个人发生争执要好得多。也许，等对方冷静下来之后，会发现这事他自己一个人完全可以解决。

有时候，你可能不好意思当面拒绝，这种情况下，你不妨暂不答复，等离开之后打个电话告诉他你的意见，这样就能避开当面不好启齿的尴尬场面。

最重要的一点是，做任何事都要讲原则，面对同事尤其要坚持原则，不要为了所谓的和气而丧失立场，该拒绝一定要拒绝。

二、方式要温和

明确的拒绝，并不意味着必然生硬。拒绝他人一定要避免生硬，尽量温和，以免伤害他人感情，这也是提高拒绝能力的必备要素。

（一）略做思考后再拒绝

如果朋友要你帮的忙是在下周或者下个月，那么你最好不要当场拒绝，否则对方不仅仅是失望，还有可能怀疑你的理由是否真实。即使那天你真的有事，也不能不假思索地拒绝，而是应该稍做考虑，再说清楚原因。这样一来，对方就明白了你有帮助他的诚意，只是没有时间罢了。

有的朋友求你帮忙时，只考虑了自己的需求，却不怎么考虑给你带来的麻烦。这时候，如果你能实事求是地告知朋友，你如果答应他，你将面临什么样的处境，那么大部分人都会体谅你的难处，不再继续提要求。

朋友求你帮忙，就说明非常信任你。而他越信任你，你越不好拒绝。因此，最佳处理方式，就是把你自己的难处和处境仔细地讲给他听。朋友看到你的难处和处境以后，无论他是多么坚持的人，往往也会接受你的拒绝；假设说他仍然坚持，就说明此人对朋友缺乏关怀，过于自私自利，面对这样的人，你不必太在意拒绝给他带来的不悦。

（二）婉言谢绝

婉言谢绝就是在对方客气地提出一些自己无法接受的要求时的应对方法。如果在一次商务谈判中，你的机智和精湛的业务能力让对方很满意，对方向你提出邀请加盟他们单位的建议时，你就可以用委婉的语气谢绝。你可以对那家单位的领导说："谢谢您对我的赏识，但是我们公司对我非常好，我没有办法离开，希望我们下次还有合作的机会。"对方听到这些，也不会再强求。相比直接拒绝，婉言拒绝更容易被对方接受，能顾全到对方的自尊，也不至于伤害到双方的和气。

如果有同事把本应当自己完成的工作交给你来做，你不必直接开口拒绝："这是你的事，怎么能让我干？"这样说很容易让对方从此对你产生敌意。要想拒绝但不伤面子，你可以说："我很想帮你完成这项工作，不过你看，我手头上的工作还有一大堆没有做完呢。再说你的能力可在我之上，总比我做得快。我也许可以帮你做点儿别的，找找资料发个传真什么的都行。"

（三）帮助对方找出更好的方案

你有权拒绝朋友的不合理要求。作为朋友，如果你能帮忙，找出一个更好的解决问题的方案，那就更好。

学会说"不"，也包括学会拒绝领导的要求。毫无疑问，拒绝领导，更要小心，不论你用哪种方式拒绝，首先一定要表明自己对这项工作的重视，之后再提出自己的看法，具体说明为什么不能接受。你可以说："谢谢领导信任我，把这么重要的工作交给我。不过您也知道，我还有一项紧急工作，必须在这两天赶出来。"只要理由合理、态度诚恳，一定能得到领导的理解。

虽然你不能接受领导的安排，但也不能就此撒手不管，最好给领导提一些可行的建议，或推荐更合适的人选，以便不耽误工作。你可以说："既然这样，那么等我手头的工作告一段落就开始做，您看怎么样？"或者向领导推荐一位能力相当的人，同时表示自己会协助他。这种做法一定能进一步赢得领导的理解和信任，为以后的工作铺就更平坦的大道。

总之，在跟领导说"不"时，一定要避免生硬的拒绝，否则领导会以为你在推脱责任，没有工作干劲和能力，并失去对你的信任。

三、几种实用的拒绝方式

拒绝是有技巧的，方式恰当会使拒绝不那么生硬，最大限度地避免双方关系的尴尬。以下是几种实用的拒绝方式。

（一）以子之矛攻子之盾

如果你已经拒绝，但对方坚持要你去做，你可以试着去找一件类似的事情，让对方自己发现问题的难度，从而不再继续要求。

甘罗是中国历史上著名的神童，十二岁就得授上卿。

有一天，甘罗看见爷爷在后花园走来走去，还不停地唉声叹气。于是他问爷爷："您怎么了，碰到什么难事了吗？"

"唉，大王不知听了谁的挑唆，硬要吃公鸡下的蛋，还命令文武百官想法去找，要是三天内找不到，大家都得受罚。"

"大王太不讲理了。"甘罗气呼呼地说，忽然，他眼睛一亮，想到个主意，于是对爷爷说，"爷爷您别急，我有办法。明天我替您上朝好了。"

第二天早上，甘罗真地替爷爷去上朝了。他不慌不忙地走进宫殿，向秦王施礼。秦王很不高兴，问他："你这个小孩子跑到这里干吗？你爷爷呢？"

甘罗回答说："大王，我爷爷今天来不了。他正在家忙着生孩子呢，所以托我替他上朝。"

秦王听了哈哈大笑："你这孩子真是胡言乱语。你爷爷怎么会生孩子？"

甘罗说："大王既然知道男人不能生孩子，那公鸡怎么能下蛋呢？"

秦王听了又是哈哈大笑，于是撤销了这个荒谬的命令。

在这个故事里，甘罗就是借用类似事件，凸显对方要求的不合理，让秦王收回了成命。

（二）幽默拒绝

无法满足对方提出的不合理应求，不妨讲述一个幽默的故事，让对方听出弦外之音，既避免了对方难堪，又转移了对方被拒绝的不快。比如，某单位谈判代表在对方不依不饶的语言攻击下，笑着说道："如果贵方坚持这个进价，就请为我们准备好过冬衣服和食物，总不忍心让我们卖出了产品却得饿着肚子干活吧！"

（三）沉默、回避

沉默，是当对方的请求让人为难时的一种有效的应对方法。你可以暂时保持沉默，用这种方法表明你的态度。不过，采用这种方法时，要审时度势，不要被对方当成是无礼的表现。

　　回避，就是当对方向你提出过分的要求时，你选择不置可否，转而议论其他事情。这就是"顾左右而言他"，用转换话题的方法来逃过回答。

第四节

优雅言谈

远离"低素质"标签

　　没有人永远是对的，很多问题不是只有一个答案。当你和别人交谈时，盲目地坚持己见，只会把交谈弄得像一场辩论赛，这时，你的目的已经不是讨论出一个最佳方案，而只是想赢得口头上的胜利。你的争强好胜，只会让对方反击或者逃离。

一、待人不礼貌

　　"礼"是人与人之间交往的规范，对"礼"的把握，可以准确反映一个人的社会化程度，以及一个人对待他人的态度，比如：他对人到底是善意的、体贴周到的，还是漠视甚至是敌对的，等等。待人不礼貌的人，绝不可能是一个素质高的人。体现在言谈中，涉及措辞习惯是否照顾到对方的接受习惯，是否自说自话，是否总是自我标榜，等等。

（一）克服失礼的习惯

常见的失礼的言谈习惯主要有：经常打断别人的话，经常随意地否定对方的观点，常用类似"别瞎说""你不懂""你懂不懂"等不礼貌的口头禅，喜欢模仿别人的语调和口气，以居高临下的口气说话，等等。

要克服这些言谈习惯，还是有一定难度的。改一次很容易，保持总不再犯，就需要长期的坚持。可以制订一个简单的计划，在日常说话中留心注意。比如：在每次开口说话前，要提醒自己尊重对方；在要打断对方说话时，注意对方的话是否说完了；如果不慎打断了别人，要及时道歉，并提醒自己注意；如果发现对方的意见和你的不一致，首先要提醒自己不要轻易否定对方，再考虑一下对方的意见是否有些道理；在提出异议时，语言一定要委婉得体。

某报纸曾经刊载过这样一则消息：一个全国知名的企业家，在一次代表本厂与另一厂家的厂长洽谈业务时，姗姗来迟。一见面，这个企业家就一本正经地说："我实在忙得不得了，只能用一点儿时间接见你。"此话一出，举座骇然，一笔几十万元的生意随之告吹。很显然，企业家的迟到本身就很不礼貌，再加上"我实在忙得不得了""接见"等话语里透露出来的傲慢和盛气凌人，生意当然是做不成的。

我们始终要记住，即使不尊称对方，谈话双方的关系也是平等的。

（二）戒除无意义的套话和口头语

有些人在说话时会习惯性地说许多没有意义的套话，比如，只要开口就加上"没错""就像你说的""很显然""这么说吧""怎么说呢""我跟你讲""我觉得吧""众所周知"之类的话，事实上，对方可能还没说话呢。而在一个意思表达完毕后，又习惯性地加一句"难道不是吗""就这样"之类的话。这样的套话是没有必要的，甚至是错误的，除了使你显得很啰唆、头脑混乱之外，没有任何作用。

还有一些人在说话时，总会带出"嗯哼""嘀""噢"之类的"杂音"。有些是说出来的，有些是发音时带出来的。与此相似的是口头语，比如，不停地使用"那个""这个"。也许你自己感觉不到有什么不妥，但对方听着会觉得很刺耳。

（三）克服滥用词语的习惯

滥用词语主要指三方面：一是反复使用同一个词表达多种含义，二是过多地使用谚语，三是滥用表示夸张的词语。

有些人喜欢反复使用同一个本没有太多意思的词表达许多意思。最近几年，"郁闷"一词比较流行，许多人喜欢用"郁闷"表达多种意思："我考得可郁闷了""你这样说话，郁闷不"。还有"崩溃"一词："我跑了一整天，把我累崩溃了""这件事情让我很崩溃"。总的来说，这种说话方式会给人留下认识肤浅、知识面狭窄等不良印象。其实，这个习惯很容易克服，只要随时留意即可。

夸张的词语有引人注意的效果，但是如果过多过滥，则会适得其反。对方会因此怀疑你说的是真是假，因为你说的消息不可能都是特别重要的。所以，为了使你的话变得可信，为了给自己塑造一个沉稳可信的形象，千万不要到处都用"非常""最""真是太……""简直……"这样的词语。

平淡的语言是最常用和最有效的。俗话说，平平淡淡才是真，说话也是如此。有的人喜欢引经据典，辞藻华丽，给人一种做作的感觉；有的人喜欢提自己的导师或者曾经见过的明星，给人一种卖弄的感觉；还的有人喜欢一惊一乍，语不惊人死不休，给人以轻浮的感觉。这些人没有认识到，语言只是交流的媒介，媒介背后的东西，才是最珍贵的。在表层下功夫只会显得华而不实，效果适得其反。

二、 表意不清晰

有话不直说，"言在此而意在彼"，让人捉摸不定你的意思到底是什么，并不是成熟人的做派。在人与人的交往中，这是个坏习惯。无论多么微妙的事情、多委婉的表达，真正的观点和意见最后还是必须亮出来。

（一）"话中有话"太小家子气

引起听者误会的话，往往都是话中有话的语句。所谓"话中有话"，是指话里含有别的意思，甚至是含沙射影。也许有时候说者只是没有留意而说了句"话中有话"的语句，听者却听出了所含的另一层意思，于是就产生了误会。

因此，在表达意思时，一定要注意做到清晰、明确、具体，不能含糊不清，更不能说"话中有话"的句子，以免引起误会。

从前，有个地主请赵、钱、孙、李四位朋友吃饭，就要上菜了，老李却还没有到。地主等得着急，望着进进出出的人，自言自语道："该来的还不来！"老赵一听，觉得自己不是"该来的"，气呼呼地拂袖而去。地主一看，更着急了，又道："哎呀！不该走的怎么走了！"老钱以为"该走的"是他，也离席告辞。地主都要急哭了。老孙见状，就劝他："你说话之前应该三思，你看老赵、老钱都被你气走了。"地主委屈道："我不是说他们呀！"老孙一听，心想：原来你说的是我呀！随即也扬长而去。

这是一个尽人皆知的笑话。俗话说，说者无意，听者有心。地主并不想赶朋友走，只是因为他说的话听起来"话中有话"，让听者产生了误会。在日常生活中，这种事也是常有的，一定要注意。

有时候，有的人会故意"话中有话"，来讽刺挖苦他人。这种做派往往是不可取的，它会给人一种印象，就是说话者性格猥琐、孱弱，而且心理灰暗。我们毕竟不是某些拙劣的电视剧中的人物，说话阴阳怪气，每句话都暗藏玄机，每个举动都别有深意。过于戏剧化的言谈，在现实生活中是不受欢迎的。

（二）表意要明确具体

语言的最大功能，就是表达与交流。所以，意思的传达，越清楚越好。为不让听者产生误会，除了表意要清楚、完整以外，还要做到具体、准确，尽量不要说"也许""大概""可能""应该""差不多"这样模棱两可的词。

使用同音词，也可能让听者产生误会。同音词是音同意不同的词语。如果在交谈中大量使用同音词，对方一时不察字形、字意的区别，会造成很大的困惑和理解障碍。因此，应尽量不用同音词。

另外，尽量不说省略句。在日常交流中，为了方便省事，人们往往说一些省略性的句子，有时候可能会闹笑话。闹笑话的原因，是他们没有考虑具体的语境就随意省略。

周末一大早，孩子爸爸的同事来找孩子爸爸办事。孩子爸爸还在睡觉，于是年轻的妈妈对三岁的女儿说："快，去叫爸爸。"女儿犹豫了好久，才慢腾腾地走到爸爸同事面前，喊了声"爸爸"。

这样的笑话，是因为说话人省略了主语。在某些情况下，应该尽量不说省略句，尽量清晰、完整地表达自己的意思。

（三）不要翻来覆去地说话

有些讲道理者总是担心对方听不懂或者没听清自己的话，于是将一个道理反反复复地讲好几遍，结果弄得别人心烦意乱，头脑发昏。本来清晰的意思，越说越让人迷惑了。

想把问题讲清楚，适当地重复和强调其中的重点，是可以的。但切忌无规律地、不克制地翻来覆去地讲。简单扼要地讲明问题，直接切入关键点即可，给对方留一些时间去思考、领悟和消化，千万不要过于啰唆。

三、争强好胜，反而会暴露你的弱小

没有人永远是对的，很多问题不是只有一个答案。当你和别人交谈时，盲目地坚持己见，只会把交谈弄得像一场辩论赛，这时，你的目的已经不是讨论出一个最佳方案，而只是想赢得口头上的胜利。你的争强好胜，只会让对方反击或者逃离。其实，观点不同，并不见得非得有一方是错的。如果站在对方的角度看，你会发现，事情原来还可以这样。

（一）不要因情绪冲动发生冲突

冲动是最无力的情绪，也是最具破坏性的情绪。许多人都会在情绪冲动时做出使自己后悔不已的事情来，因此，应该采取一些积极有效的措施来控制自己冲动的情绪。如果因为自己宣泄情绪导致对方产生情绪化的反应，双方将会产生激烈的争执。

20世纪50年代，美国人际关系委员会采用了一种特殊而有效的控制情绪冲突的办法。该委员会是美国钢铁业劳资双方组成的一个团体，专门处理突发冲突，以防止其演变成严重的问题。委员会规定，每次会议只能有一个人发火，这样其他人就不会对愤怒者的宣泄还以颜色了。这条规定使情绪宣泄变得合乎自然，合乎情理，人们会觉得"这没什么了不起的，该他发火了"。这条规定的另一个优点在于，它能帮助人们控制自己的情绪，如果没有遵守规定，在不应该自己发火的时候而发火，就意味着你的情绪失控了，会让人没面子。

在我们的生活和工作中，偶尔会遇到较强的情绪刺激，这时你最应该做的是强迫自己冷静下来，待头脑冷静后，迅速分析一下事情的前因后果，再采取措施：要么采取适当的方式表达自己的立场和情绪，要么采用"缓兵之计"，暂时不做出回应。

比如，当你被别人无聊地讽刺、嘲笑时，如果你顿显暴怒，反唇相讥，则很可能双方会争执不下，自己的怒火越烧越旺，自然解决不了问题。但如果此时你能提醒自己冷静一下，采取理智的对策，如用沉默为武器以示抗议，或只用寥寥数语正面表达自己受到伤害，指责对方无聊，对方反而会感到尴尬。

使自己生气的事，一般都是触动了尊严或切身利益的，人们对此很难一下子冷静下来。所以当你察觉到自己的情绪非常激动，眼看控制不住时，可以及时采取暗示、转移注意力等方法自我放松。言语暗示如"不要做冲动的牺牲品""过一会儿再来应付这件事，没什么大不了的"等，或转而去做一些简单的事情，或去一个安静舒适的环境，这些都很有效。

在情绪问题上，一方面，我们要克制自己，另一方面，要允许对方将情绪发泄出来。人们对付消极情绪最为有效的办法，是把消极情绪倾诉出来。如果你能充当倾听者，对方会非常感激；相反，则会让对方更加沮丧。

试想，你下班回家后，对妻子说今天在工作中遇到了不开心的事情，她却说："我知道你工作压力很大，但是跟我说这些也没用，我也没办法帮你解决，别想那么多了。"听到这样的话，你的心情会怎样？

因此，当别人发脾气的时候，你应该克制自己的情绪，平静地待在他的身边，让他将心中的不满发泄出来，切忌打断对方或者摔门而去。只有静静地倾听，并适时地给予安慰，对方的情绪才能得到缓解。

（二）不要只图嘴上痛快

有的人喜欢做"常胜将军"，不但做事情不肯谦让，说话也一定要占个上风，非要压得别人说不出话来，他才心满意足。有的人喜欢开别人的玩笑，也不管别人受得了受不了；有的人喜欢和别人争辩，没理也要抢三分；有的人实在是太过"博学"，普天下的事情没有他不知道的；

有的人实在是太"敏锐"，别人说话有一丁点儿破绽，他马上抓住不放，大做文章……

实际上，这种喜欢在嘴巴上占便宜的人很愚蠢。嘴巴上占了上风，看似痛快，却给人留下了喜欢出风头、心胸狭窄、冷酷无情的印象。

因此，与人交谈，不要表现得过于强势，不妨在嘴巴上吃点儿亏，显示自己的厚道。如果你时时想占便宜，事事要显得比人聪明，最后只会落得众叛亲离的下场。

在办公室里，针锋相对的争论要不得。你要清楚一点：真正赢得胜利的方法不是争论。如果你老是抬杠、反驳，即使偶尔获得胜利，也得不到别人的真正肯定。

（三）不许争吵

事实上，十次有九次的争吵结果是，每个人都更加相信自己是正确的。在争吵中永远没有胜利者。即使你在争吵中占了上风，你仍然很难说服对方相信你的观点。所以，如果你想说服别人就一定不要和他争论，说服别人和与人争吵是毫不相干的两个概念。争吵并不能改变他人的看法。

我们要牢记这一点：在非原则性的争论中，一定要给予对方取胜的机会。要把优越的感觉留给对方，让他感觉自己是胜利者，然后通过其他方法与他交流。千万不要恶狠狠地说："走着瞧，时间会证明我是对的！"这句话不但让你在争论中输给了对方，就连气势和心理都输给了对方。不论谁对谁错，日子久了，自然就会明了，何必急于这一时的辩白呢。